零基预算与成本预算绩效管理实务案例丛书

丛书总顾问 马海涛
丛书主编 曹堂哲 王红梅

信息化预算绩效评价指标体系研究

主　编◎曹堂哲　陈　冬
副主编◎周　易　苏冬冬　边　超　金晓蕊

中国财经出版传媒集团
中国财政经济出版社
·北京·

图书在版编目（CIP）数据

信息化预算绩效评价指标体系研究／曹堂哲，陈冬主编；周易，苏冬冬，边超副主编． -- 北京：中国财政经济出版社，2025.1（2025.6重印）．--（零基预算与成本预算绩效管理实务案例丛书／曹堂哲，王红梅主编）． -- ISBN 978-7-5223-3604-6

Ⅰ.F812.3

中国国家版本馆 CIP 数据核字第 2025J1U891 号

责任编辑：张晓丽	责任校对：胡永立
封面设计：孙俪铭	责任印制：史大鹏

信息化预算绩效评价指标体系研究
XINXIHUA YUSUAN JIXIAO PINGJIA ZHIBIAO TIXI YANJIU

中国财政经济出版社 出版

URL：http：//www.cfeph.cn
E – mail：cfeph@ cfeph.cn
（版权所有　翻印必究）

社址：北京市海淀区阜成路甲 28 号　邮政编码：100142
营销中心电话：010 – 88191522
天猫网店：中国财政经济出版社旗舰店
网址：https：//zgczjjcbs.tmall.com
涿州汇美亿浓印刷有限公司印刷　各地新华书店经销
成品尺寸：185mm×260mm　16 开　14.5 印张　283 000 字
2025 年 1 月第 1 版　2025 年 6 月河北第 2 次印刷
定价：88.00 元
ISBN 978 – 7 – 5223 – 3604 – 6
（图书出现印装问题，本社负责调换，电话：010 – 88190548）
本社图书质量投诉电话：010 – 88190744
打击盗版举报热线：010 – 88191661　QQ：2242791300

丛书总序

零基预算即一切从零开始编制预算，依据事业发展实际需要，重新对项目进行科学合理的测算，并结合轻重缓急、实际需要、绩效情况、财力状况等统筹核定预算支出，是一种与基数加增长预算编制方法相对的预算编制和管理方式。零基预算最初在企业中诞生应用，20 世纪 70 年代末被卡特引入美国联邦政府预算编制，并在 20 世纪 80 年代初被"自上而下"预算取代。随后零基预算吸收或结合了中期预算、规划预算、统筹预算、绩效预算、成本预算等众多的预算管理技术、工具和方法，逐渐成为一种"破旧立新"的预算管理理念。

我国在 20 世纪 90 年代引入零基预算。2015 年，新《预算法》实施后，各地掀起了第二轮零基预算改革浪潮。2020 年，《关于 2019 年中央和地方预算执行情况与 2020 年中央和地方预算草案的审查结果报告》要求"运用零基预算理念，打破支出固化格局，提高预算编制的科学性和准确性"。2021 年，《国务院关于进一步深化预算管理制度改革的意见》（国发〔2021〕5 号）要求"积极运用零基预算理念，打破支出固化僵化格局，合理确定支出预算规模"。2024 年 7 月，财政部开展了以零基预算理念为引导提升部门预算科学管理水平改革试点。2024 年 7 月 18 日，中国共产党第二十届中央委员会第三次全体会议通过的《中共中央关于进一步全面深化改革、推进中国式现代化的决定》要求"深化零基预算改革"。新一轮零基预算改革已经如火如荼地开展起来，在"破基数、保重点、促统筹、提绩效、核成本、出标准"等方面取得了显著成效，提高了财政资金配置效率和使用效应，提高了财政治理能力和政府治理水平。

零基预算本身就是"讲求绩效"的预算制度，广义上讲，凡是"破旧立新"，旨在打破支出固化僵化格局，合理测算预算规模的理念、技术和方法都可以纳入零基预算的理念之下。各地实践也证明，深化零基预算要求深化预算绩效管理改革，实施成本预算绩效管理；同时预算绩效管理的提质增效，支撑零基预算改革进一步深化。

2018年9月，《中共中央 国务院关于全面实施预算绩效管理的意见》印发以来，我国预算绩效管理改革取得了显著成效，"全方位、全过程、全覆盖"的预算绩效管理体系基本建成，预算绩效管理提质增效，不断改革和创新一直在路上，成本预算绩效管理就是预算绩效管理守正创新的实践路径之一。2018年以来，成本预算绩效管理已经从"星星之火"变成了燎原之势，北京、上海、山东、河北、浙江、江苏、广东、云南、海南、湖南、江西、辽宁等多地先后推进了成本预算绩效管理改革，初步形成了成本预算绩效管理制度体系、理论体系、方法体系，探索形成了"将成本绩效理念和方法贯穿在政府管理履职的全过程、各环节，用管理出效益，问改革要绩效，以成本预算绩效管理撬动本领域、本地区各项改革"的可行路径。成本预算绩效管理实际上是"成本＋绩效"的预算绩效管理，通过成本预算绩效分析等方法，形成公共服务标准、成本定额标准和财政支出标准，解决了预算编制中"要不要干？怎么干？花多少钱？"这几个关键问题，通过绩效和成本、目标和资源、投入和产出的匹配对应，为零基预算提供了可行的路径和方法。

"通过实践而发现真理，又通过实践而证实真理和发展真理。从感性认识而能动地发展到理性认识，又从理性认识而能动地指导革命实践，改造主观世界和客观世界。实践、认识、再实践、再认识，这种形式，循环往复以至无穷，而实践和认识之每一循环的内容，都比较地进到了高一级的程度。"为了及时总结我国零基预算和成本预算绩效管理的改革成就，形成中国式零基预算和成本预算绩效管理的自主知识体系，我们依托中央财经大学、北京成本绩效管理技术研究院有限公司、各地财政、各部门和三方机构等各方力量，编纂了"零基预算与成本预算绩效管理实务案例丛书"。丛书的目的是为财政、部门和三方机构具体实施零基预算和成本预算绩效管理提供理论指引、案例参考、操作规范和实施标准，"手把手"地展示零基预算和成本预算绩效管理的"武功秘籍"，让零基预算和成本预算绩效管理易学、好用。丛书涵盖零基预算和成本预算绩效分析的案例经验、操作指南、技术方法等主题，我们不断地将理论、实务和案例结合，深化认识，持续创新，久久为功，推动零基预算和成本预算绩效管理改革的持续高质量发展。

丛书编写过程中我们虽然已经付出了巨大的努力，由于受到各种客观条件和作者水平的限制，书中难免有疏漏和不足，恳请大家批评指正，共同为零基预算和成本预算绩效管理事业添砖加瓦。

马海涛

2025 年 1 月 1 日

序 言

当前信息技术已全面渗透到经济社会的各个层面,对经济、教育、医疗、娱乐、交通、社交等多个领域产生了深远影响。我国通过实施《"十四五"国家信息化规划》《国家信息化发展战略纲要》等一系列政策,全面推进信息化建设,旨在完善数字基础设施、提升信息安全水平、促进数字经济发展以及提高政务服务能力。

信息化项目正以前所未有的速度广泛应用于各行各业,政府在信息化项目上的预算投入也不断增长,如何确保信息化项目的预算绩效达到最优,提高财政资金的配置效率和使用效益,提高信息化产出和效益水平,成为预算绩效管理研究的重大课题。信息化项目的预算绩效管理,不仅关乎财政资金的分配与利用,更关乎信息化建设的整体成效和社会的综合福祉。

《中共中央 国务院关于全面实施预算绩效管理的意见》要求:"各级财政部门要建立健全定量和定性相结合的共性绩效指标框架。各行业主管部门要加快构建分行业、分领域、分层次的核心绩效指标和标准体系,实现科学合理、细化量化、可比可测、动态调整、共建共享。绩效指标和标准体系要与基本公共服务标准、部门预算项目支出标准等衔接匹配,突出结果导向,重点考核实绩。"本书按照这一要求,从信息化预算绩效评价的基本理论、信息化项目分类的多维透视、基于技术分类的信息化项目通用绩效指标、基于行业分类的信息化项目绩效指标、基于资金支持方式的信息化项目绩效指标、信息化财政支出政策绩效评价指标及信息化部门(单位)整体支出绩效评价七个章节初步建构了信息化领域预算绩效评价指标和标准体系。

本书是理论和实践握手的结晶,我们在 2022 年开始策划,不断开展理论研究,吸收北京国金汇德工程管理有限公司、北京中颂华会计师事务所

（普通合伙）和中央财经大学三家单位大量的实践案例，终于得以出版。全书由中央财经大学曹堂哲教授和北京国金汇德工程管理有限公司陈冬总经理担任主编，负责大纲拟定和全书总纂。周易、苏冬冬、边超、金晓蕊和李真真担任副主编。各章分工为：第一章由曹堂哲带领中央财经大学课题组撰写；第二章由周易撰写；第三章由张言撰写；第四章由边超撰写；第五章由金晓蕊撰写；第六章由苏冬冬撰写；第七章由曹堂哲带领中央财经大学课题组、李真真撰写。

  我们期望通过这一体系，为信息化项目的决策者提供科学、准确的决策支持，为财政资金的合理分配提供坚实依据，为信息化建设的持续稳定发展提供有力保障。我们深知这一研究领域仍充满挑战与未知，本书的出版并非研究的终点，而是一个新的研究起点。在未来的工作中，我们将持续关注信息化领域预算绩效管理的最新动态与实践成果，不断完善和优化预算绩效评价体系。我们愿以开放、包容的态度，广泛吸纳各界的批评与建议，期待与更多的研究者和实践者共同探讨、共同进步。

本书编委会
2024 年 9 月

目 录

第一章 信息化预算绩效评价的基本理论 …… 1

  第一节 信息化及其预算支出 …… 3
  第二节 信息化预算绩效评价与管理 …… 10
  第三节 信息化预算绩效评价指标开发的理论与方法 …… 20
  第四节 信息化预算绩效指标和标准库建设 …… 33

第二章 信息化项目分类的多维透视 …… 39

  第一节 信息化项目分类概述 …… 41
  第二节 信息化项目技术分类 …… 43
  第三节 信息化项目行业分类 …… 46
  第四节 信息化项目预算一体化项目分类 …… 53
  第五节 信息化项目资金来源分类 …… 54

第三章 基于技术分类的信息化项目通用绩效指标 …… 57

  第一节 信息系统集成类 …… 59
  第二节 定制软件开发类 …… 64
  第三节 信息系统运行维护类 …… 68
  第四节 信息化项目共性绩效指标 …… 74

第四章 基于行业分类的信息化项目绩效指标 …… 89

  第一节 信息化项目行业分类概况与特征 …… 91
  第二节 分行业信息化项目相关政策 …… 93

第三节　分行业信息化项目关键指标 ································ 95

第五章　基于资金支持方式的信息化项目绩效指标 ················ 117
　　第一节　部门预算资金 ·· 119
　　第二节　转移支付资金 ·· 127
　　第三节　政府债券资金 ·· 135
　　第四节　政府投资基金 ·· 145

第六章　信息化财政支出政策绩效评价指标 ························ 153
　　第一节　信息化财政支出政策概述 ·································· 155
　　第二节　信息化财政支出政策评价的目标 ·························· 158
　　第三节　信息化财政支出政策评价指标 ···························· 158
　　第四节　案例与借鉴 ·· 164

第七章　信息化部门（单位）整体支出绩效评价 ···················· 167
　　第一节　信息化部门（单位）整体支出绩效评价概述 ·············· 169
　　第二节　信息化部门（单位）整体支出评价指标与方法 ············ 175
　　第三节　案例与借鉴 ·· 185

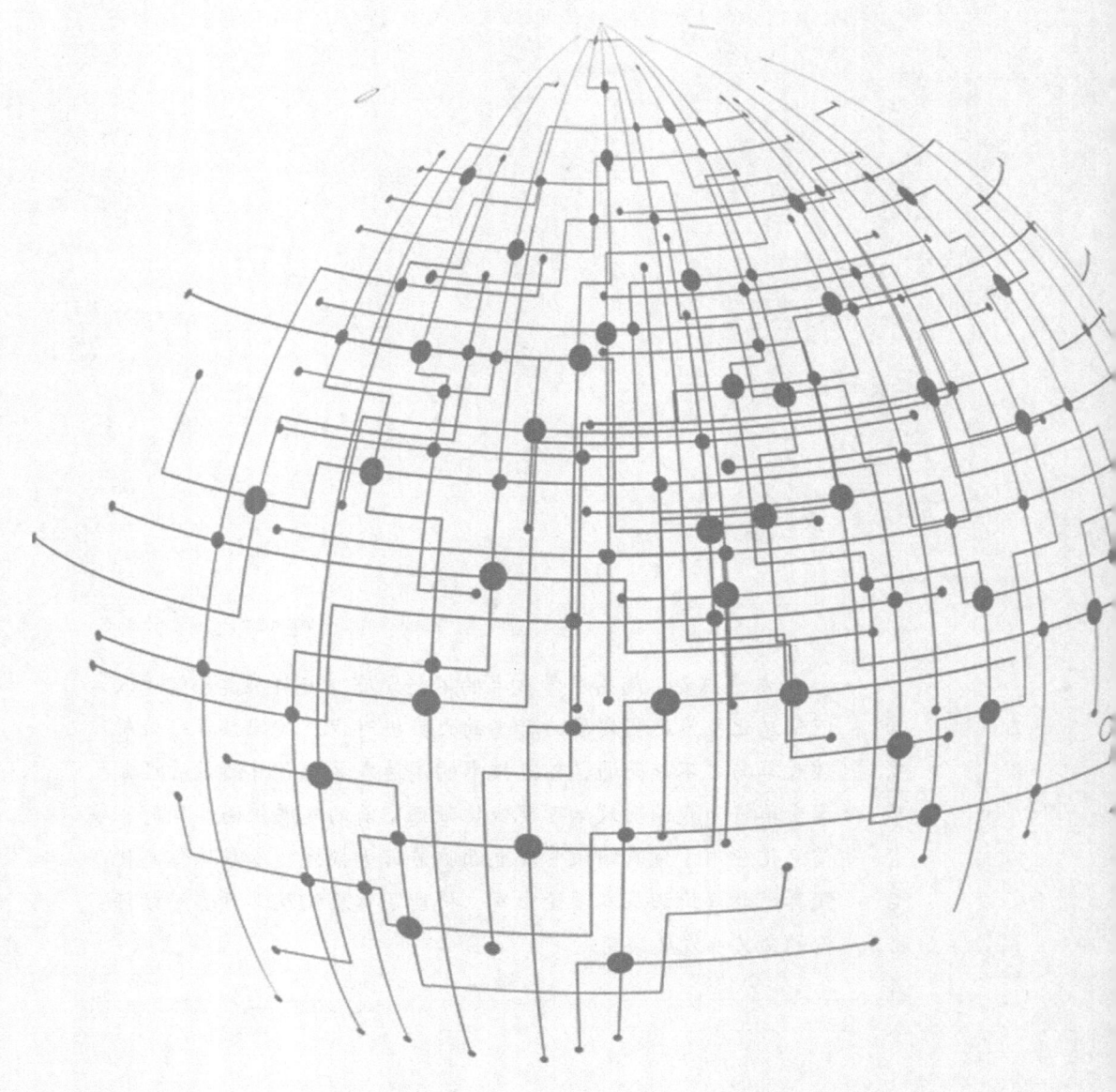

/ 第一章 /

信息化预算绩效评价的基本理论

第一章 信息化预算绩效评价的基本理论

本章摘要：随着科学技术的不断发展，当前人类已经进入以信息化技术迅猛发展为标志的大数据时代，我国预算绩效管理改革与之不期而遇，信息技术的高速发展与预算绩效管理制度变革将为我国财政治理现代化带来空前的发展机遇。同时，信息化应用于预算绩效管理也面临着若干挑战。本章从信息化预算绩效评价的基本理论出发，梳理了信息化及其预算绩效评价的含义和发展演变。

第一节　信息化及其预算支出

一、信息化的发展历程

信息化即"充分利用信息技术，开发利用信息资源，促进信息交流和知识共享，提高经济增长质量，推动经济社会发展转型的历史进程"[①]。

从20世纪50年代开始，信息化浪潮席卷全球，也被称作第四次技术革命。到21世纪，以信息技术为核心的当今世界经济取得了前所未有的发展，信息化浪潮席卷全球，成为世界经济发展的必然趋势，信息化水平成为一个国家综合国力的重要体现。

改革开放以后，具有实质意义的国家信息化才全面铺开。1978年3月中共中央召开了全国科学大会，邓小平作了长篇重要讲话，并明确提出"科学技术是生产力"[②]，1988年又进一步提出"科学技术是第一生产力"[③]，我国包括信息技术在内的科技事业迎来了发展的春天。

1982年国务院成立了计算机与大规模集成电路领导小组（后改为电子振兴领导小组），并制定政策鼓励开放引进和自主创新，加快培养人才，发展信息产业。1983年，国家制定新技术革命对策时，首次把发展信息技术纳入国家政策，信息技术的重要性开始凸显。1984年10月，中共十二届三中全会通过的《中共中央关于经济体制改革的决定》揭开了中国信息化的序幕。同年，国务院电子振兴领导小组发布了《我国电子和信息产业发展战略》，明确要求电子信息产业的服务重点要转移到国民经济和社会发展上来，并确定集成电路、计算机、通信和软件为电子工业发展的重要领域。1986年3月，国家科委编制了《高新技术研究开发计划纲要》，俗称"863计划"，同年11月，中共中央批准了这个纲要，1987年3月第六届全国人民代表大会第五次会议正式通过并组织实施。

到1990年，各地方政府与国务院的政务信息报送实现了计算机网络化，开创了政务信息化工作的新局面，为日后电子政务的发展奠定了良好的基础。除了办公信息化、网络化建设以外，中科院从1989年开始建设中关村教育与科研示范网络（中国科技网

[①]《2006—2020年国家信息化发展战略》。
[②] 中央文献编辑委员会. 邓小平文选（第三卷）[M]. 北京：人民出版社，1993：274.
[③] 中央文献编辑委员会. 邓小平文选（第二卷）[M]. 北京：人民出版社，1994：40.

前身）。1993 年 3 月，时任副总理朱镕基主持会议，提出和部署建设国家公用经济信息通信网（即"金桥工程"），同年 12 月，国务院批准成立国家经济信息化联席会议，"联席会议"的成立和"金字系列工程"的陆续启动，标志着中国信息化掀开了新的一页。到 1994 年 4 月，中国科技网率先接入国际互联网，我国正式成为拥有全功能互联网国家。

1995 年 10 月，党的十四届五中全会通过了《中共中央关于制定国民经济和社会发展"九五"计划和 2010 年远景目标的建议》，确定了"加快国民经济信息化进程"的战略任务，以提高国民经济信息化程度为目标的国家信息基础设施建设大规模铺开。2000 年的"十五"计划明确将"加强国民经济和社会信息化"列为 21 世纪初必须着重研究和解决的一项重大的战略性、宏观性和政策性问题。

经过 20 多年努力，我国工业化、信息化都有了长足的发展，中央对"两化"发展的政策体系逐渐完善起来。从"十五"计划"以信息化带动工业化，发挥后发优势，实现社会生产力的跨越式发展"，到党的十六大"以信息化带动工业化，以工业化促进信息化"，到党的十七大"大力推进信息化与工业化融合"，再到党的十七届五中全会"推动信息化和工业化深度融合"，我国从国家战略层面形成了"两化融合"发展的指导思想这个阶段三次产业的信息化水平得到了大幅提升。从农业来看，2007 年，全国 7 万多个农业产业化龙头企业、约 15 万农村合作及中介组织、近 100 万经营大户以及 200 多万农民经纪人能够定期得到农业部门的信息服务。从工业来看，2004 年，中国制造企业每百人拥有计算机 21.83 台，较 2003 年的增加额为 3.12 台，增长率为 16.66%，接近中等发达国家水平。根据 2008 年度中国企业信息化 500 强调查报告，中国信息化 500 强企业中，34.5% 的整体信息化水平达到中等发达国家水平，6.4% 则居于国际领先水平[1]。服务业方面更是成绩喜人，2011 年网络购物用户规模达 1.94 亿人，比 2010 年增长 20.8%，网上银行和网上支付的用户规模增长更是达到了 30% 以上。截至 2011 年底，我国农村网民规模达 1.36 亿，比 2010 年增长 1113 万人，占整体网民比例 26.3%。[2]

党的十八大以来，以习近平同志为核心的党中央在科学分析世界信息化发展大势，准确判断信息化发展阶段的基础上，不断推进理论创新和实践创新。党的十九大报告明确提出了"推动互联网、大数据、人工智能和实体经济深度融合，建设网络强国、

---

[1] 周宏仁. 新中国信息化成就综述 [J]. 电子政务，2009（10）：7-18.
[2] 中国互联网络信息中心. 第 29 次中国互联网络发展状况统计报告 [R/OL].（2012-01-12）[2019-6-27］. http://www.cnnic.com.cn/hlwfzyj/hlwxzbg/hlwtjbg/201206/P020120612484958777344.pdf.

数字中国、智慧社会"的发展目标,开启了由网络大国迈向网络强国的新时代。

早在2012年,习近平就明确指出:"人类已经进入互联网时代这样一个历史阶段,这是一个历史潮流";2017年又进一步指出"大数据是信息化发展的新阶段,推动互联网、大数据、人工智能同实体经济深度融合,继续做好信息化和工业化深度融合这篇大文章,推动制造业加速向数字化、网络化、智能化发展"①;2018年再次提出"信息化为中华民族带来了千载难逢的机遇。我们必须敏锐抓住信息化发展的历史机遇,自主创新推进网络强国建设"②。这些论断为新时代我国信息化的跨越发展指明了方向。

21世纪以来,我国信息化的速度明显加快。"十三五"时期(2016—2020年),围绕贯彻落实新发展理念和"网络安全和信息化是一体之两翼、驱动之双轮"的总要求,《"十三五"国家信息化规划》提出了"十三五"时期信息化的六大主攻方向,发挥信息化引领创新和驱动发展的先导力量作用,以信息化培育新动能、推动新发展,为加快推进国家治理体系和治理能力现代化提供数字动力引擎。

经历了新中国70多年来的信息化发展积累,我国的信息化基础设施、网络规模、数字经济、网络治理等各方面,都具备了从量变到质变的准备。2018年网民规模8.29亿,互联网普及率59.6%,数字经济规模达31.3万亿元,占GDP的比重达到34.8%③;在线政务服务用户规模达3.94亿,占整体网民的47.5%,网上零售额90065亿元,同比增长23.9%,连续六年位居世界第一,我国境内外互联网上市企业总体值为7.89万亿元人民币④,国家信息化的发展水平和世界影响力持续提升。

"十四五"时期,信息化进入加快数字化发展、建设数字中国的新阶段,党中央作出了建设网络强国、数字中国、智慧社会的战略决策,我国经济信息化水平大幅提高,信息产业与信息技术突飞猛进。信息基础设施规模全球领先,信息技术产业取得重要突破,数字经济实现跨越式发展,数字领域国际合作取得明显成效,信息化发展环境优化提升⑤。

2023年3月,中共中央、国务院印发了《党和国家机构改革方案》,组建国家数据局,将中央网络安全和信息化委员会办公室承担的研究拟订数字中国建设方案、协调

---

① 新华社. 审时度势精心谋划超前布局力争主动 实施国家大数据战略加快建设数字中国[N]. 人民日报, 2017-12-10 (01).
② 新华社. 习近平在全国网络安全和信息化工作会议上强调:敏锐抓住信息化发展历史机遇自主创新推进网络强国建设[N]. 人民日报, 2018-04-22 (01).
③ 陈静. 数字中国建设交出亮眼"成绩单"[N]. 经济日报, 2019-05-07 (01).
④ 中国互联网络信息中心. 第43次中国互联网络发展状况统计报告[R/OL]. (2019-02-28) [2019-06-27]. http://www.cnnic.com.cn/hlwfzyj/hlwxzbg/hlwtjbg/201902/P020190318523029756345.pdf.
⑤《"十四五"国家信息化规划》。

推动公共服务和社会治理信息化、协调促进智慧城市建设、协调国家重要信息资源开发利用与共享、推动信息资源跨行业跨部门互联互通等职责，国家发展和改革委员会承担的统筹推进数字经济发展、组织实施国家大数据战略、推进数据要素基础制度建设、推进数字基础设施布局建设等职责划入国家数据局。负责协调推进数据基础制度建设，统筹数据资源整合共享和开发利用，统筹推进数字中国、数字经济、数字社会规划和建设等，由国家发展和改革委员会管理。大数据局的成立推动我国信息化建设迈上新征程。

二、信息化项目

信息化项目，是指以计算机、通信技术及其他现代信息技术为主要手段的信息网络、信息安全、信息资源、信息应用系统等新建、扩建或者改建工程项目。

三、信息化预算支出

信息化是全社会各方投入共同推动的结果，本书重点研究以财政预算资金全部投入或部分支持的信息化项目预算绩效评价指标，并进一步按照全方位预算绩效管理的要求，研究信息化预算支出政策和部门预算整体支出绩效评价指标。

信息化预算支出项目是全部或部分由财政资金支持的信息化项目。主要包括基础设施、软件系统、数据开发利用等，以及第三方服务，如网络检测及运维服务项目、政府云服务采购项目、网络链路租赁及运行维护费项目等。

信息化预算支出政策是支持和保障财政支出信息化事业发展的财政支出安排，包括财政支出总量、方向、结构和管理制度等。常见如工业与信息化发展政策等。

信息化部门（单位）预算整体支出是信息系化主管部门（单位）的全部预算支出。包括部门（单位）的基本支出和项目支出，比如大数据局、工业与信息化部等信息化主管部门及其下属单位。

（一）资金来源

信息化部门（单位）的预算资金来源包括一般公共预算、政府性基金预算、国有资本经营预算。

1. 一般公共预算

一般公共预算是对以税收为主体的财政收入，安排用于保障和改善民生、推动经济社会发展、维护国家安全、维持国家机构正常运转等方面的收支预算。在信息化领域，一般公共预算主要用于履职所需的人员支出，包括：基本工资、津贴补贴、机关事业单位基本养老保险缴费、职业年金缴费、职工基本医疗保险缴费、住房公积金等；公用支出，包括办公费、水费、邮电费、委托业务费、公务用车运行维护费和工会经费等；项目支出，包括部门履职所需实施的各类新建、运维、服务项目等。

2. 政府性基金预算

政府性基金预算，是指对依照法律、行政法规的规定在一定期限内向特定对象征收、收取或者以其他方式筹集的资金，专项用于特定公共事业发展的收支预算。在信息化领域，政府性基金主要用于政府投资项目预算，比如各类政务云项目，为各单位提供计算、存储、大数据、通用软件支撑服务、安全等各类云服务；各类大数据平台项目，落实支撑各单位的大数据需求与大数据应用和产业发展。

3. 国有资本经营预算

国有资本经营预算，是指对国有资本收益作出支出安排的收支预算。国有资本经营预算应当按照收支平衡的原则编制，不列赤字，并安排资金调入一般公共预算。在信息化领域，国有资本经营预算通常取之于企业，用之于企业，例如国有企业智慧国资监管平台项目等。

（二）预算支出行业部门

1. 工信部门

（1）统筹推进信息化工作，组织制定相关政策并协调信息化建设中的重大问题，促进电信、广播电视和计算机网络融合，指导协调电子政务发展，推动跨行业、跨部门的互联互通和重要信息资源的开发利用、共享。

（2）统筹规划公用通信网、互联网、专用通信网，依法监督管理电信与信息服务市场，会同有关部门制定电信业务资费政策和标准并监督实施，负责通信资源的分配管理及国际协调，推进电信普遍服务，保障重要通信。

（3）统一配置和管理无线电频谱资源，依法监督管理无线电台（站），负责卫星轨道位置的协调和管理，协调处理军地间无线电管理相关事宜，负责无线电监测、检测、干扰查处，协调处理电磁干扰事宜，维护空中电波秩序，依法组织实施无线电管制。

（4）承担通信网络安全及相关信息安全管理的责任，负责协调维护国家信息安全和国家信息安全保障体系建设，指导监督政府部门、重点行业的重要信息系统与基础信息网络的安全保障工作，协调处理网络与信息安全的重大事件。

2. 大数据局

（1）统筹数据资源，推进数据资源管理体系建设，加强政务数据和政务信息系统整合，推动经济、社会等公共数据归集，推进数据资源汇聚融合、开放共享和开发利用。

（2）统筹指导数据资源基础设施规划建设。负责电子政务云平台、电子政务外网、电子政务数据中心等基础设施的建设、维护和管理。承担政府投资的数据资源、政务信息化项目初审工作。

（3）统筹推进数据资源安全保障体系建设。承担政务数据、重点领域数据等安全保障工作。

（4）负责政务服务体系建设，指导协调政务服务工作。指导监督各级综合性政务服务大厅的建设和管理。协调推进"互联网+政务"。

（三）预算支出项目分类

信息化项目预算支出可以采用多种分类方式，常见的分类包括按预算一体化支出分类、按信息化项目属性分类等。

1. 按预算一体化支出分类

（1）运转类项目：信息系统及专用设备运行维护项目。

（2）特定目标类项目：反映信息化项目类的事业发展类项目，比如信息化基础设施建设项目、政务信息化项目等。

2. 按信息化项目技术属性分类

（1）政务信息化。政务信息系统是指由政府投资建设、政府和社会企业联合建设、政府向社会购买服务或需要政府运行维护的，用于支撑政务部门履行管理和服务职能的各类信息系统，包括执行政务处理的计算机、软件和外围设备等货物和服务。

①基础设施建设项目：电子政务内外网、数据中心、政务云平台或云服务、安全保障与管理系统、运行维护管理系统等。

②数据系统建设项目：信息资源库、基础数据系统、数据采集系统、数据管理系统、数据安全系统等。

③业务系统建设项目：办公自动化系统、视频会议系统、财务系统、综合管理系统等。

④服务系统建设项目：政府网站、一体化服务平台、政务一体机等。

（2）非政务信息化。

①基础设施建设项目：业务专网、云平台或云服务、运行维护管理系统等。

②数据系统建设项目：信息资源库、数据采集系统、数据安全系统等。

③业务系统建设项目：办公自动化系统、视频会议系统、财务系统、综合管理系统等。

④服务系统建设项目：事业单位、企业网站，一体化服务平台，政务一体机等。

（四）信息化预算支出的层次

1. 项目层面

项目支出是为完成特定的工作任务或事业发展目标，在基本的预算支出以外，财政预算专款安排的支出。项目支出主要用于预算单位的政务信息化项目建设，用于支持部门履行管理与服务职能的各类信息系统建设，主要包括基础设施、软件系统、数据开发利用等，以及第三方服务，如网络检测及运维服务项目，政府云服务采购项目，网络链路租赁及运行维护费项目等。

2. 政策层面

政策是指党和国家为实现一定的政治路线而制定的行动准则，具体表现为党和国家政权机关规定在一定的历史时期内应该达到的奋斗目标、遵循的行动原则、完成的明确任务、实行的工作方式，采取的一般步骤和具体的措施。

支出政策是政府根据党中央重大方针政策和决策部署、《预算法》等法律规定制定的财政支出安排措施，包括财政支出的方向、规模、结构和管理制度等①。信息化类支出政策是按照信息化发展战略和规划，各级政府、财政部门和相关部门制定的全额或部分投入到信息化中的财政支出安排，包括财政支出的方向、规模、结构和管理制度等。常见如工业与信息化发展政策等。

3. 部门（单位）整体层面

部门（单位）整体是信息化主管部门的全部预算支出，包括部门的基本支出和项目支出，比如大数据局、工业和信息化部等信息化主管部门及其下属单位。表1-1是A市大数据局部门预算支出功能分类科目情况。

表1-1　　　　　　　A市大数据局部门预算支出（示例）

功能科目编码	功能科目名称	合计	基本支出	项目支出
	合计			
201	一般公共服务支出			
20105	统计信息事务			
2010501	行政运行			
2010502	一般行政管理事务			
2010504	信息事务			

---

① 《关于人大预算审查监督重点向支出预算和政策拓展的指导意见》。

续表

功能科目编码	功能科目名称	合计	基本支出	项目支出
2010550	事业运行			
208	社会保障和就业支出			
20805	行政事业单位养老支出			
2080502	事业单位离退休			
2080505	机关事业单位基本养老保险缴费支出			
2080506	机关事业单位职业年金缴费支出			
210	卫生健康支出			
21011	行政事业单位医疗			
2101101	行政单位医疗			
2101102	事业单位医疗			
221	住房保障支出			
22102	住房改革支出			
2210201	住房公积金			
2210202	提租补贴			

信息化项目预算支出分散在不同的经济分类科目之下。

（1）商品和服务支出：反映单位购买商品和服务的支出，不包括用于购置固定资产、战略性和应急性物资储备等资本性支出。其中维修（护）费是反映单位日常开支的固定资产（不包括车船等交通工具）修理和维护费用以及网络信息系统运行与维护费用。

（2）资本性支出：反映单位资本性支出。其中专用设备购置是反映用于购置具有专门用途、并按财务会计制度规定纳入固定资产核算范围的各类专用设备的支出，如通信设备、发电设备、交通监控设备、卫星转发器、气象设备、进出口监管设备等，专用设备购置可能涉及信息化硬件设备的购置。信息网络及软件购置更新反映政府用于信息网络和软件方面的支出。如服务器购置、软件购置、开发、应用支出等。

第二节 信息化预算绩效评价与管理

一、信息化预算绩效评价的含义

（一）信息化预算绩效评价

信息化预算绩效评价是预算绩效评价的组成部分，是预算绩效评价的一般理论、方法和机制在信息化领域中的具体运用，是财政部门、预算部门和单位对信息化项目、政策、部门（单位）整体预算支出预期绩效目标实现情况，从决策、管理、产出和效果等方面，对预算支出经济性、效率性、效益性等进行的客观公正地测量、分析和评判。

1. 信息化项目预算绩效评价

信息化项目预算绩效指标框架参考财政部《项目支出绩效评价管理办法》（财预〔2020〕10号），同时要根据信息化项目的具体特点，从决策、过程、产出、效益4个方面重点考量，设计适用于具体项目的指标。

指标框架分为一级指标、二级指标和三级指标，其中一级指标和二级指标根据中央文件统一设计，三级指标结合文件精神及项目特点个性化设计。

（1）决策部分关注项目立项、绩效目标和项目投入。项目立项着重考察立项依据是否充分，立项程序是否规范，建设方案设计是否科学；绩效目标重点考察信息化项目绩效目标的设定是否合理，绩效指标的设定是否明确；项目投入考察预算编制是否科学。

（2）过程部分关注项目建设运维的全过程管理情况，包括资金管理和项目管理两个方面。资金管理关注项目预算执行率和资金使用合规性；项目管理除关注政府采购、合同管理、项目实施、项目变更、项目验收的规范性以外，还应关注供应商资质符合程度和系统运维规范性等。

（3）产出部分针对信息化项目具体特点，结合分层分类思想，分别制定不同类型项目的数量指标、质量指标、时效指标和成本指标，方便横向对比分析。重点结合项目业务实际及预算资金的经济支出进行分类和细化。如新建及升级改造项目着重考察项目建设完成率、项目验收返工率、项目按期完成交付情况等；运维项目聚焦如期运维情况、运维响应情况、故障排除情况等。

（4）效益部分是信息化项目评价的重点，要坚持业务导向，根据业务需求，从社会效益、可持续影响和满意度等方面来设定能反映业务核心效果的指标。效益指标也要根据不同类型项目特点，制定类型特色的共性指标，同时，紧密结合绩效目标，从使用资金部门的业务内容出发，细化分解制定业务相关的个性化指标。另外，考察应覆盖项目的全生命周期，囊括建设和运维。

指标体系构建完成后，设定项目指标标准时，一方面要与业务需求及建设目标紧密结合，如有计划标准的以计划标准为主，如没有，可参考国家标准、行业标准、地方标准等。另一方面要注意横向对比，对相同类型规模的项目进行对比分析，寻找合适的指标标杆值，形成能科学衡量项目成效的指标标准。

2. 信息化政策预算绩效评价

信息化支出政策绩效评价是指财政部门或政策实施部门依据一定的标准和程序，围绕设定的政策绩效目标，对政策的经济性、效率性、有效性等进行客观、公正地衡量、分析和评判。

与聚焦项目资金使用效益的项目绩效评价不同，信息化政策绩效评价是一种政策评价，评价对象是使用财政资金或者获得财政资金支持的信息化政策。评价主要关注信息化政策的实施结果，关注信息化政策产出、成效和影响的实现，特别是信息化政策能否满足经济、社会等各方面的需求，是否达到了既定目标。

3. 信息化部门（单位）整体预算绩效评价

部门（单位）整体预算绩效评价指财政部门和预算部门以信息化部门（单位）全部预算资金为对象，统筹财务、业务和资产管理，根据信息化部门（单位）设定的绩效目标，运用科学、合理的绩效评价指标、评价标准和评价方法，对部门（单位）运行成本、管理效率、履职效能、社会效应、可持续影响等方面作出的进行客观、公正地评价。

信息化预算绩效评价是与信息化评估、信息化评价、信息化绩效评价既相互联系又有区别的概念。这些概念在实施主体、对象、内容等方面存在差异，但都是针对信息化这一客观现象进行的测量、分析与评判活动。本书分别从技术分类、行业分类、资金支持方式、信息化财政支出政策和信息化部门（单位）整体支出这几种不同的分类视角出发，对不同的信息化项目预算绩效的评级指标与体系进行梳理，最终为信息化预算绩效指标和标准库建设提出建设性意见。

二、信息化预算绩效评价的发展

（一）预算绩效评价与管理的发展历程

我国的预算绩效评价与管理大体上经历了绩效评价、绩效管理、全面实施的发展历程。

1. 预算绩效评价阶段（2003—2011年）

绩效评价是指财政部门和预算部门（单位）根据设定的绩效目标，运用科学、合理的绩效评价指标、评价标准和评价方法，对财政支出的经济性、效率性和效益性进行客观、公正的评价。2003年，党的十六届三中全会明确提出"建立预算绩效评价体系"，中央和地方财政开始推动预算项目绩效评价工作，预算绩效管理理念逐步树立，预算绩效管理改革破冰前行。2011年，财政部印发了《财政支出绩效评价管理暂行办法》（财预〔2011〕285号），该办法一直适用2020年《项目支出绩效评价管理办法》（财预〔2020〕10号）印发为止，成为这一阶段预算绩效评价的基本规范。

2. 预算绩效管理阶段（2011—2017年）

按照党中央、国务院决策部署，2012年以来，我国预算绩效管理制度体系加快建立，预算绩效管理改革正式拉开帷幕。2011年财政部印发《关于推进预算绩效管理的指导意见》（财预〔2011〕416号），该《意见》包括推进预算绩效管理的重要性、指导思想和基本原则、主要内容、工作要求4个部分。2012年，财政部印发《预算绩效管理工作规划（2012—2015年）》（财预〔2011〕396号），在预算绩效管理工作规划中，明确了预算绩效管理的目标和重点任务。2014年8月，十二届全国人大常委会第十次会议表决通过修改《预算法》的决定，首次以法律形式明确了预算绩效管理要求，奠定了预算绩效管理的法律基础。2014年《国务院关于深化预算管理制度改革的决定》对健全预算绩效管理机制提出明确要求。2013年4月，财政部下发了《关于印发〈预算绩效评价共性指标体系框架〉的通知》，2015年印发了《中央部门预算绩效目标管理办法》（财预〔2015〕88号）和《中央对地方专项转移支付绩效目标管理暂行办法》（财预〔2015〕163号）等具体管理办法，推动了预算绩效管理的不断深化发展。这一阶段，我国基本形成了"预算编制有目标、预算执行有监控、预算完成有评价、评价结果有反馈、反馈结果有应用"的预算绩效管理闭环工作机制。

3. 全面实施阶段（2017年至今）

党的十九大明确提出"建立全面规范透明、标准科学、约束有力的预算制度，全面实施绩效管理"，标志着我国预算绩效管理进入了全面实施的新阶段。2018年印发《中共中央 国务院关于全面实施预算绩效管理的意见》，提出"力争用3—5年时间基本建成全方位、全过程、全覆盖的预算绩效管理体系，实现预算和绩效管理一体化"的要求，对我国预算绩效管理改革具有里程碑意义，成为推动新时代预算绩效管理的顶层设计和战略部署。《中华人民共和国国民经济和社会发展第十四个五年规划和2035年远景目标纲要》进一步提出要深化预算绩效管理改革，进一步作出明确部署，推进财政支出标准化，强化预算约束和绩效管理；加快转变政府职能，健全重大政策事前评估和事后评价制度。2023年是《中共中央 国务院关于全面实施预算绩效管理》印发五周年。目前，中央、省、市、县"基本建成全方位、全过程、全覆盖的预算绩效管理体系"的政策目标已经基本实现：全方位多主体联动的实施格局基本形成；全过程闭环运行的制度框架基本定型；全覆盖分类实施的态势基本呈现；协同高效的预算绩效治理体系基本建立，治理能力稳步提升；各级政府、各部门、各单位预算绩效管理改革创新突破取得实质性进展。①

（二）信息化绩效评价的发展历程

伴随着我国预算绩效管理体系的探索与实践，信息化绩效评价也逐步发展。

1. 探索阶段（2012—2017 年）

初步探索信息化工程的效能评价指标体系，推动电子政务项目建设向集约整合、协同共享的方向发展。2012 年国家发改委印发了《"十二五"国家政务信息化工程建设规划》，规划指出："有关部门要抓紧研究制定国家政务信息化工程效能评价指标体系，在项目验收阶段和投入运行后对工程项目进行效能评价，评价结果作为项目验收和后续项目建设立项的重要参考。"个别省、市初步探索信息化工程的效能评价指标体系。

2015 年，国家发改委、中央机构编委办公室、财政部联合发布了《关于开展国家电子政务工程项目绩效评价工作的意见》（发改高技〔2015〕200 号），更加具体地要求了要对电子政务项目建成后所达到的建设目标和应用效果进行评价，提出电子政务项目绩效评价应按照《管理办法》的目标范围、基本原则、职责分工和工作程序等，以"效能优先、协同共享、集约建设"为重点，更加注重电子政务项目对支撑部门履行职能、提高政务效能、有效解决社会问题的应用效果，充分发挥绩效评价对跨部门、跨区域业务协同和信息共享的引导促进作用，推动电子政务项目建设向集约整合、协同共享的方向发展，切实提高项目建设应用效能和项目投资效益。

2. 全面实施阶段（2017 年至今）

初步建立信息化领域"花钱必问效、无效必问责"的绩效管理理念和管理机制。按照《中共中央 国务院关于全面实施预算绩效管理的意见》关于全面实施预算绩效管理的要求，尤其是关于"各行业主管部门要加快构建分行业、分领域、分层次的核心绩效指标和标准体系，实现科学合理、细化量化、可比可测、动态调整、共建共享"等政策要求，2019 年，国务院办公厅印发了《国家政务信息化项目建设管理办法的通知》（国办发〔2019〕57 号）要求政务信息化项目通过验收并投入运行后一年到两年内，开展绩效评价，根据评价结果对存在的问题提出整改意见，将评价结果作为下一年度安排政府投资和运行维护经费的重要依据。2021 年，中央网络安全和信息化委员会印发《"十四五"国家信息化规划》提出"持续完善数字中国发展评价指标体系，动态跟踪监测数字中国建设进展，定期评估实施情况，分析判别潜在风险，发布数字中国发展报告"。2022 年出台了《国务院关于加强数字政府建设的指导意见》（国发

---

① 曹堂哲. 预算绩效管理改革的前瞻和设想［J］. 中国财经报，2023 – 05 – 20，"绩效新时代"专刊.

〔2022〕14号），要求将数字政府建设工作作为政府绩效考核的重要内容，并要求建立完善数字政府建设评估指标体系。

围绕加快建成"全方位、全过程、全覆盖"预算绩效管理体系的目标，财政部组织中央部门和地方财政着力深化预算绩效管理改革，绩效管理的广度和深度不断拓展，信息化领域预算绩效评价和管理工作取得长足进展，信息化领域"花钱必问效、无效必问责"的绩效管理理念和管理机制初步建立。

（三）信息化预算绩效评价相关研究和存在的问题

我国信息化起步虽晚，但是发展速度很快，信息化建设已取得显著成效。我国的信息化基础设施、网络规模、数字经济、网络治理等各方面，都具备了从量变到质变的准备。2018年网民规模8.29亿，互联网普及率59.6%，数字经济规模达31.3万亿元，占GDP的比重达到34.8%[①]；在线政务服务用户规模达3.94亿，占整体网民的47.5%，网上零售额90065亿元，同比增长23.9%，连续六年位居世界第一，我国境内外互联网上市企业总体值为7.89万亿元人民币[②]，国家信息化的发展水平和世界影响力持续提升。信息技术方面，我国拥有全球最大的移动终端市场，其移动互联网应用技术、APP技术和社交媒体应用技术等领域都取得了一定成就；信息安全方面，我国经过多年的努力，已经成为全球最大的互联网市场，同时也在政府、企业和公民的信息安全领域取得了明显的进展；智能应用方面，我国在大数据、云计算、智能语音、机器人技术等领域都取得了明显进展，并于2018年11月通过"人工智能发展规划"，明确了到2020年和2025年的目标。

信息化水平的逐步提高，与财政投入密不可分，1986年3月，邓小平亲自领导制定了以现代信息和自动化技术为重点的"863计划"，总投资100亿元，信息技术相关项目的投资约占总投资的2/3。2005年，中国行业信息化IT投入额已经达到了2829.5亿元，中国各级政府在信息化建设方面投入达到442.4亿元。2018年，数字经济规模达31.3万亿元，占GDP的比重达到34.8%，整个通信行业健康发展，电信业务总量达到65556亿元，移动数据及互联网业务收入6057亿元；规模以上电子信息制造业增加值同比增长13.1%；软件业务收入63061亿元。为了用好日益增长的财政投入资金，预算绩效评价成为有效的治理工具，绩效评价指标体系作为开展绩效评价的基础，显得尤为重要。

[①] 陈静．数字中国建设交出亮眼"成绩单"[N]．经济日报，2019-05-07（01）．
[②] 中国互联网络信息中心．第43次中国互联网络发展状况统计报告[R/OL]．（2019-02-28）[2019-06-27]．http：//www.cnnic.com.cn/hlwfzyj/hlwxzbg/hlwtjbg/201902/P020190318523029756345.pdf．

总体而言，我国已经初步形成了信息化领域的预算绩效评价指标，实现了预算绩效评价从 0 到 1 的突破，但是由于起步时间不够长、实践探索经验有限、绩效评价专业机构培育成长不充分等原因，目前，我国信息化领域预算绩效评价指标体系还有很大的研究和发展空间。

1. 相关研究

在我国，理论界和实务界对信息化项目绩效评价进行了初步探索。从研究成果看，信息化项目的行业差异较大，国内学者对信息化项目绩效评价研究主要分行业开展。李文全等[①]（2021）针对高校信息化项目建设特点，从项目立项、项目过程、项目成效、项目发展 4 个维度设计了 15 个评价指标，提出层次分析法（Analytic Hierarchy Process，AHP）解决定性与定量相结合的问题，利用模糊综合评价法（Fuzzy Comprehension Evaluation Method，FCE）解决评价指标难以量化的问题。林炜和周俐娜[②]（2020）以基层央行信息化项目绩效评价工作为中心，分别从项目立项、项目管理和项目产出 3 个维度设计绩效评价共性指标与个性指标，并采用改进的层次分析法——模糊层次分析法（ImprovedF AHP）对基层央行信息化项目进行评价。周美娟和陈传钧[③]（2019）根据公安工程的实际情况，建立了包括目标评估，过程评估，效益评估和第三方专业评估在内的信息化项目管理评估指标体系。潘玲[④]（2018）分析了公益类科技情报（信息）机构未建立绩效评价制度、简单套用一般科研机构绩效评价指标体系而缺乏适用性的现状，基于平衡计分卡，从客户、内部业务流程、财务、学习与成长 4 个维度设计了 30 个评价指标，采取专家打分的方式为评价指标赋权。朱丽梅[⑤]（2015）针对档案信息化建设的内容与特点，从投入、产出与效果 3 个评价维度设计了绩效评价指标，并运用德尔斐法对各级指标进行筛选与重要程度的评判，再通过层次分析法（AHP）确定各级指标的权重，从而构建了档案信息化绩效评价指标体系。张显萍和吴自爱[⑥]（2015）从农业信息化的外部环境、内部环境以及运行效果 3 个维度构建了农业

---

① 李文全，徐素萍，彭新东. 高校信息化项目实施绩效的模糊评价研究［J］. 韶关学院学报，2021，42（06）：18 - 22.

② 林炜，周俐娜. 基层央行信息化项目绩效评价的探讨——以基层行云桌面信息化项目为例［J］. 金融科技时代，2020，28（03）：35 - 40，46.

③ 周美娟，陈传钧. 论信息化项目绩效评估在警务信息化管理中的应用［J］. 现代信息科技，2018，2（10）：120 - 121，124.

④ 潘玲. 基于平衡计分卡的公益类科技情报（信息）机构绩效评价指标体系研究［J］. 情报探索，2018（02）：43 - 50.

⑤ 朱丽梅. 构建档案信息化建设的绩效评价指标体系研究［J］. 档案与建设，2015（08）：20 - 25.

⑥ 张显萍，吴自爱. 基于因子分析的农业信息化绩效评价指标体系研究——以安徽省为例［J］. 华东经济管理，2015，29（06）：35 - 40.

信息化绩效评价指标体系。韩志琰等[①]（2014）聚焦于社区卫生信息系统，运用德尔菲法，经过两轮专家咨询建立社区卫生信息系统建设绩效评价指标体系，并利用层次分析法确定指标对应权重。陈莉和周欢怀[②]（2012）针对电力信息化项目实施范围广、投资巨大、无形资产增值在评价中难以体现等难点，从投入和输出两个维度设计了9个评价指标，应用数据包络分析法（Data Envelopment Analysis，DEA）对电力系统信息化项目绩效评价体系进行了研究。

同时，有部分学者从项目技术分类、资金支持方式和信息化部门整体支出的角度对信息化项目绩效评价进行了研究。从项目技术的分类视角出发，郝岸[③]（2022）针对开发类信息化项目管理中普遍存在的问题，对金融基础设施开发类信息化项目的绩效评价体系设计提出了具体的思路和方法，从而为金融基础设施建设单位开展信息化项目绩效评价提供参考；王晖等[④]（2010）针对北京市卫生监督执法信息系统建设的试点评估，提出从系统需求提供方及承建方、业务系统本身、系统用户群3个维度和系统建设管理人员、技术服务商、业务系统、业务管理人员及监督执法人员5个层面来设计各项指标体系。基于资金支持方式的分类视角，马国胜[⑤]（2020）聚焦信息化建设专项资金支出的绩效管理，基于人民银行信息化建设资金支出绩效管理现状，提出从投入、过程、产出和效果4个维度设立4级定性和定量绩效评价指标体系。立足于信息化部门整体支出的视角，吴东雄[⑥]（2021）对2017—2019年广东省工业和信息化厅从完整性、科学性、可衡量性3个指标出发进行的全面绩效评价及重点绩效评价（评价期为2016—2018年）进行梳理和分析。

2. 主要问题

在现有研究中，大部分研究者只是就某一行业的信息化项目预算绩效评价指标进行了局部分析，未能够充分展示出其他分类视角下的信息化项目预算绩效评价指标的全貌。因此，针对这一问题，本书分别从技术分类、行业分类、资金支持方式、信息化财政支出政策和信息化部门（单位）整体支出不同的分类视角出发，对不同的信息

---

① 韩志琰，甄天民，谷景亮，等. 社区卫生信息系统建设绩效评价指标体系研究 [J]. 医学信息学杂志，2014，35（08）：14 - 18.
② 陈莉，周欢怀. 电力系统信息化项目绩效评价体系研究 [J]. 北方经济，2012（08）：92 - 94.
③ 郝岸. 金融业信息化项目绩效评价研究——以金融基础设施开发类信息化项目为例 [J]. 管理会计研究，2022（06）：82 - 91.
④ 王晖，邓小虹，杨冰之. 卫生信息化项目绩效评估的价值思考与实践探索 [J]. 中国数字医学，2010，5（07）：23 - 26.
⑤ 马国胜. 财政预算专项资金支出绩效管理研究——以信息化建设项目资金为例 [J]. 中国内部审计，2020（08）：93 - 95.
⑥ 吴东雄. 广东省工业和信息化财政资金绩效目标管理及优化研究 [D]. 广州：华南理工大学，2021.

化项目预算绩效的评级指标与体系进行梳理，最终为信息化预算绩效指标和标准库建设提出建设性意见。

（1）信息化领域"业财融合"的评价理念尚未牢固树立。现阶段我国对信息化项目的评价大部分属于技术性评价，重点关注信息化业务和技术，主要形式是针对系统建设的技术性和功能性进行评价验收。从财政支出的角度，对项目投入、过程、产出和效果进行预算绩效评价的理论研究和实践探索都相对较为薄弱，亟须树立财政支出和信息化业务两者"业财融合"的评价理念，从物有所值的角度，完善信息化领域项目、政策和部门整体各层面的预算绩效评价指标体系。

（2）评价的问题导向还不够充分。预算绩效评价作为项目管理的重要诊断工具，通过评价实现"对症下药"，有助于改善预算和信息化项目管理水平。实践中，信息化项目类型多，不同类型项目的侧重点不一样，在项目管理中存在的问题类型也比较多，比如：一些信息化项目存在顶层设计不足，创新应用能力不强，应用成效不明显；一些信息化项目尚未形成统一的建设标准，项目申报单位重复建设，造成资源浪费；一些同类项目建设费用偏离值较大，存在同样设备不同价格、同样项目不同验收标准的现象。亟须在开展评价时坚持问题导向，在共性绩效评价指标框架的基础上，分类型分行业分层次深入研究信息化绩效评价指标体系。

（3）绩效目标和评价指标不适配。经过几年的绩效管理实践，各地方下大力气建立绩效目标和评价指标体系，但从信息化专业角度来看，某些指标的设计仍存在目标设计重复、错位、与信息化专业分类不太相符的问题。例如，信息化建设资金的投入和产出是为了实现本单位信息化和国家网络安全战略的目标，存在跨年度、长期性的情况，指标体系缺乏战略目标的体现。目前采用的"一事一评"绩效评价模式缺乏这方面的考虑。

（4）绩效管理缺少全过程持续跟踪。目前，在信息化项目支出绩效评价中，设定的绩效评价指标是预设的指定目标，仅对项目产出结果进行达标验收，但从整个信息化项目的生命周期来看，完成验收仅仅是项目的开始，资金的投入能否真正发挥作用还需要长期跟踪评价。由于现在的绩效管理中缺乏后期影响的评价，无法对资金投入产生的全部成果进行客观评价，造成两种不良后果：一是建成即下线，建设的信息化项目书面通过了评审验收，但由于不能完全满足需求，上线后没有真正使用就被闲置；二是资源配置政策与事实脱节，由于绩效指标设定过程中过分考虑宏观效益目标，未充分考虑各单位实际需求，导致一些绩效评价变成"走过场"，评价质量需要进一步提高。

（5）评价结果运用缺少落地机制。评价结果运用是绩效管理的最终环节，也是最重要的环节，是绩效管理价值的体现。信息化项目对预算绩效评价结果运用较少，绩效管理流程中注重过程而不注重结果，未实现从指标体系到项目成果转化的绩效评价。主要体现在信息化建设资金分配主要参考项目预算、工程决算等进行拨付，未将绩效评价结果作为主要参考依据来分配有限的资金。评价结果得不到充分运用，反映评价参考性不强，易造成评价资源浪费。

三、信息化预算绩效管理

信息化预算绩效评价是信息化预算绩效管理的核心。信息化预算绩效管理是针对信息化预算支出开展的预算绩效管理活动，包括绩效目标管理、事前绩效评估管理、事中绩效运行监控、事后绩效评价、结果应用管理等环节。

（一）绩效目标管理

绩效目标，是指财政资金在一定期限内预期达到的产出和效果以及相应的成本控制要求。绩效目标管理包括绩效目标申报、审核、批复以及调整、应用等内容。

（二）事前绩效评估管理

事前绩效评估，是指预算部门依据国家及省有关政策要求、事业发展规划等，对拟新出台或修订调整的重大信息化政策和项目，运用科学合理的评估方法，就立项必要性、投入经济性、绩效目标合理性、实施方案可行性和筹资合规性等进行客观、公正的评估。

（三）事中绩效运行监控

事中绩效监控，是指在预算执行过程中，财政部门、预算部门及其所属单位依照职责，对预算执行情况和绩效目标实现程度开展的监督、控制和管理活动。

（四）事后绩效评价

事后绩效评价主要有绩效自评和重点绩效评价。绩效自评，是指预算部门组织部门本级和所属单位对预算批复的项目绩效目标完成情况进行自评。重点绩效评价，是指财政部门或预算部门，根据设定的绩效目标，依据规范的程序，对项目支出的经济性、效率性、效益性和公平性进行客观、公正地测量、分析和评判。

（五）结果应用管理

预算绩效管理结果应用的目的是推动预算部门落实"谁花钱、谁负责"和"花钱必问效，无效必问责"的主体责任，将预算绩效管理结果应用于制定和调整完善政策、优化资源和资金配置等管理工作，着力提高财政资源配置效率和使用效益，提升预算管理水平和政策实施效果。

第三节 信息化预算绩效评价指标开发的理论与方法

一、绩效指标和绩效评价标准的概念

（一）绩效指标的概念

参照《中央部门项目支出核心绩效目标和指标设置及取值指引（试行）》（财预〔2021〕101号）对绩效目标和绩效指标的相关要求：绩效目标是指部门依据部门职责和事业发展要求设立并通过预算安排的项目支出，在一定期限内预期达到的产出和效果以及相应的成本控制要求。绩效指标是绩效目标的细化和量化描述，主要包括成本指标、产出指标、效益指标和满意度指标等。绩效指标与绩效目标应当密切相关、重点突出、系统全面、便于考核。

1. 成本指标

为加强成本管理和成本控制，应当设置成本指标，以反映预期提供的公共产品或服务所产生的成本。项目支出首先要强化成本的概念，加强成本效益分析。对单位成本无法拆分核算的任务，可设定分项成本控制数。对于具有负外部性的支出项目，还应选取负作用成本指标，体现相关活动对生态环境、社会公众福利等方面可能产生的负面影响，以综合衡量项目支出的整体效益。

成本指标包括经济成本指标、社会成本指标和生态环境成本指标等二级指标，分别反映项目实施产生的各方面成本的预期控制范围。

（1）经济成本指标：反映实施相关项目所产生的直接经济成本。

（2）社会成本指标：反映实施相关项目对社会发展、公共福利等方面可能造成的负面影响。

（3）生态环境成本指标：反映实施相关项目对自然生态环境可能造成的负面影响。

2. 产出指标

产出指标是对预期产出的描述，包括数量指标、质量指标、时效指标等二级指标。

（1）数量指标：反映预期提供的公共产品或服务数量，应根据项目活动设定相应的指标内容。数量指标应突出重点力求以较少的指标涵盖体现主要工作内容。

（2）质量指标：反映预期提供的公共产品或服务达到的标准和水平，原则上工程基建类、信息化建设类等有明确质量标准的项目应设置质量指标，如"设备故障率""项目竣工验收合格率"等。

（3）时效指标：反映预期提供的公共产品或服务的及时程度和效率情况。设置时效指标，需确定整体完成时间。对于有时限完成要求、关键性时间节点明确的项目，还需要分解设置约束性时效指标；对于内容相对较多并且复杂的项目可根据工作开展周期或频次设定相应指标，如"工程按时完工""助学金发放周期"等。

产出指标的设置应当与主要支出方向相对应，原则上不应存在重大缺项、漏项。数量指标和质量指标原则上均需设置，时效指标根据项目实际设置，不作强制要求。

3. 效益指标

效益指标是对预期效果的描述，包括经济效益指标、社会效益指标、生态效益指标等二级指标。

（1）经济效益指标：反映相关产出对经济效益带来的影响和效果，包括相关产出在当年及以后若干年持续形成的经济效益，以及自身创造的直接经济效益和引领行业带来的间接经济效益。

（2）社会效益指标：反映相关产出对社会发展带来的影响和效果，用于体现项目实施当年及以后若干年在提升治理水平、落实国家政策、推动行业发展、服务民生大众、维持社会稳定、维护社会公平正义、提高履职或服务效率等方面的效益。

（3）生态效益指标：反映相关产出对自然生态环境带来的影响和效果，即对生产、生活条件和环境条件产生的有益影响和有利效果。包括相关产出在当年及以后若干年持续形成的生态效益。

对于一些特定项目，应结合管理需要确定必设指标的限定要求。如工程基建类项目和大型修缮及购置项目，考虑使用期限，必须在相关指标中明确当年及以后一段时期内预期效益发挥情况。

对于具备条件的社会效益指标和生态效益指标，应尽可能通过科学合理的方式，在予以货币化等量化反映的基础上，转列为经济效益指标，以便于进行成本效益分析比较。

4. 满意度指标

满意度指标是对预期产出和效果的满意情况的描述，反映服务对象或项目受益人及其他相关群体的认可程度。对申报满意度指标的项目，在项目执行过程中应开展满意度调查或者其他收集满意度反馈的工作，如"展览观众满意度""补贴对象满意度"等。

满意度指标一般适用于直接面向社会主体及公众提供公共服务，以及其他事关群众切身利益的项目支出，其他项目根据实际情况可不设满意度指标。

（二）绩效评价标准的概念

绩效评价标准是指衡量财政支出绩效目标完成程度的尺度。绩效评价标准具体包括：

（1）计划标准，是指以预先制定的目标、计划、预算、定额等数据作为评价的标准。

（2）行业标准，是指参照国家公布的行业指标数据制定的评价标准。

（3）历史标准，是指参照同类指标的历史数据制定的评价标准。

（4）财政支出标准，主要用于成本指标的取值，不得超出规定的财政支出标准设置目标值。

（5）其他经财政部门确认的标准。

二、信息化预算绩效指标开发的基本理论和基本原则

信息化预算绩效指标开发的基本理论由组织管理、信息化、标准化等方面的理论构成。

（一）组织管理相关理论

1. 目标设置理论

美国马里兰大学管理学兼心理学教授洛克（E. A. Locke）和休斯（C. L. Huse）在研究中发现，外来的刺激（如奖励、工作反馈、监督的压力）都是通过目标来影响动机的。目标能引导活动指向与目标有关的行为，使人们根据难度的大小来调整努力的程度，并影响行为的持久性。于是，在一系列科学研究的基础上，他们于1967年最先提出"目标设定理论（Goal Setting Theory）"，认为目标本身就具有激励作用，目标能把人的需要转变为动机，使人们的行为朝着一定的方向努力，并将自己的行为结果与

既定的目标相对照，及时进行调整和修正，从而能实现目标。这种使需要转化为动机，再由动机支配行动以达成目标的过程就是目标激励。目标激励的效果受目标本身的性质和周围变量的影响。

该理论认为绩效目标管理是一个完整、系统的建设工程，合理运用目标设置理论是发挥绩效目标管理在绩效管理中的核心作用的关键。一是合理设置目标难度。目标设置理论认为，目标难度与产出效果的关系有一个临界点，在临界点之前，二者呈正相关，一旦超出临界点，会降低目标执行者的积极性，导致目标难度与产出效果成负相关。二是战略目标与短期目标任务相补充。目标设置理论认为战略目标的制定和实施为短期目标任务的完成提供总方向，具体的短期目标任务能有效促进战略目标的完成。三是增强目标明确度。目标设置理论认为，越明确具体的绩效目标，越有利于提高绩效水平，要细化目标内容、目标指标、目标标准、时间节点等。四是选择适当的参照系设置绩效目标。目标设置理论认为，在目标管理的初期阶段，认识不到位、条件不成熟，管理难度比较大，应当设置低水平、易实现的绩效目标，可以较快地看到自己的努力与成绩，并产生继续进取下一阶段目标的愿望；在绩效管理达到一定水平后，应以同行业、同领域的先进榜样为基准目标，激发工作热情，改善提高产出效果，在积累了丰富经验、信息化水平高度发达的阶段，应采用模拟预测技术，科学预测项目完成后的成效，并据此设置绩效目标的一系列指标及标准值。五是个体参与绩效目标的制定。目标设置理论认为，让组织成员参与绩效目标的制定与完善过程，有助于其更好地理解绩效目标设置的初衷、目的及意义，进而理解组织决策，为绩效目标管理工作的推行提供助力。同时通过个人参与组织绩效目标的制定，有助于增强组织成员的归属感与认同感，增进组织承诺，调动组织成员充分发挥组织公民行为的积极性与工作热情，提升工作效能[①]。

2. 委托—代理理论

政府的重要职能之一是为社会公众提供公共产品和公共服务，这就形成了委托代理关系，社会公众是委托人，政府是受托人。委托—代理理论的研究对象是委托代理关系，认为"信息不对称"和"激励不相容"是影响委托人效用的主要原因，应从此处入手来提高委托人绩效。预算绩效目标管理是一种"激励相容"的制度安排，通过设置绩效目标，使委托人的需求得到明确；通过目标实现结果与奖励相挂钩，一切活动从委托人需求出发，将委托人满意度纳入测定政府服务成本和效率的复合指标体系，

---

① 陈凯，肖鹏. 预算绩效目标管理的国际比较与启示——基于目标设置理论的研究视角 [J]. 经济研究参考，2019（12）：68-78.

发挥引导和激励作用，促使政府在追求自身利益最大化的同时实现委托人利益最大化。同时在委托人与代理人之间建立一种利益传输与导向机制，使代理人在发挥政府效能、实现公共职能绩效目标、达成委托人需求满意时，能够获得相应的财政和物质奖励，督促代理人更加注重委托人需求和公众满意度，不断提升公共产品的产出与效果，提高公共服务质量和水平。预算绩效目标管理作为一种有效的监督与制约机制，能够有效衡量代理人达成委托人目标需求的实现程度。通过对绩效目标实现程度和财政资金支出进度进行监控，有利于跟踪把控代理人职能活动开展效能，缓解代理人与委托人之间信息不对称的现实问题，充分保证委托人的知情权与建议权，确保委托人能够对不同公共部门资金来源、去向、服务成效等进行有效监督，使委托人的活动在阳光下运行，有利于减少"败德"行为的出现①。

3. 公共财政理论

依据公共财政理论主要内容及观点，公共财政是政府运用宏观调控手段，为弥补市场失灵问题而提供公共产品和服务的政府分配行为及活动，强调"市场"基础上的公平、平等理念，旨在通过引导全社会资源合理配置，达到资金使用效益最大化。从理论核心内涵看，公共财政理论的核心内涵是"公共性"，要求政府针对公共需求作出财政分配，履行财政职能，公开财政活动，接受公众监督。政府预算绩效目标管理是提升财政分配公共产品效率的重要手段，在目标管理过程中使用社会调查、部门网站公开、人大公开等方式，拓宽公众参与、监督渠道，增强公众社会治理的参与度。从财政职能来看，公共财政理论框架下，财政最主要的职能是为社会提供公共产品。政府预算绩效目标的内容包括提供的"公共产品"需要多少公共资金和实现多少公共价值，主要由时间、预算、产出、效果4个要素组成。政府预算绩效目标管理通过围绕政府提供的"公共产品"进行目标编制、目标审核、目标运行监控、目标结果评价等一系列活动，来考察政府和财政职能的实现情况②。

4. 组织战略管理理论

战略管理的主要思想在于将战略思维融入管理的所有阶段，而不是停留在一次性计划的文本实践。一是公共战略体现公益性、多元化。公共部门战略管理以实现公共利益为宗旨，既要考虑经济效率，也要注重公平性，既要考虑经济繁荣，也要注重社会事业的发展、生态环境的保护；既要考虑当前利益，也要注重长远利益，不能以公权力来谋取部门或少数人利益，体现的是多元理性。政府制定预算绩效目标时，从公

---

① 苟燕楠，李金城．当代中国预算绩效管理：理论发展与实践探索［J］．求索，2019（04）：174-181．
② 刘国永．预算绩效管理概述［M］．镇江：江苏大学出版社，2014：71-80．

共利益角度出发,体现目标的公益性与多元化,以促进预算绩效的实现。二是战略目标与政府预算绩效目标相辅相成。战略目标是组织的灵魂,规定着组织的发展方向,贯穿组织管理全过程,是政府预算绩效目标的编制基础和依据。政府预算绩效目标是战略目标的具体表现形式,是实现战略目标的支持工具。三是目标管理对战略管理的推动作用。战略管理只停留在战略制定和分析上,终归是空中楼阁,将战略目标落实到具体实践中才能真正发挥作用。政府部门战略的实施是一个自上而下的动态管理过程,组织战略目标确定以后,分解到各个项目用以制定绩效目标,然后将目标分解到个人。在战略实施过程中充分运用政府预算绩效目标管理,将个人利益与组织利益紧紧结合在一起,调动员工的积极性、主动性、创造性,通过实现个人目标、绩效目标,最终推动战略规划的实现①。

(二)信息化相关理论

1. 诺兰模型

诺兰模型理论是由美国哈佛大学教授诺兰提出来的,目前被用来反映信息化发展的客观规律,根据诺兰教授的理论,计算机在成长过程中,一般分为初始、传播、控制、集成、数据管理以及成熟6个阶段,并且在成长过程中要按照各个阶段依次成长,不能发生跳跃,这一模型体现了信息化建设的普遍规律,随着信息技术的不断发展,信息化也会根据技术的发展不断深入。

在初始阶段,计算机作为一种重要的工具,从计算机的购买到组装,企业并未对计算机的功能有深刻的认识,不了解计算机能够为他们带来什么样的效益、通过计算机可以进行何种工作,仅仅是被简单用来打印表格和登记信息的工具,缺乏对计算机的深层挖掘能力。

在传播阶段,由于企业已经对计算机有了初步的探索,对计算机的作用开始进行研究。一些企业利用公司的资产进行计算机的购买和维护,构建其发展所需的各项平台,但是由于缺乏系统的管理和规划方案,使计算机并不能达到企业的目标,不能发挥其完整的作用。这一阶段对于数据的收集和分享应用较少,对于计算机的更新不及时,员工的计算机能力和水平不高,信息化建设仍处于初级阶段。

在控制阶段,企业已经认识到信息化建设的重要性,但是这种认知仍然比较浅显、薄弱,企业开始逐渐控制计算机的购买,明确了对于计算机的使用应该按照企业的岗位需求和职能出发,对目前所拥有的计算机系统进行合理的挖掘和使用。

---

① 刘国永. 预算绩效管理概述 [M]. 镇江:江苏大学出版社,2014:71-80.

在集成阶段，企业开始对计算机进行集约化管理，建立专门的数据库和信息系统，集成管理是信息系统建设的主要方法，把各项职能部门进行统一管理，通过信息公共平台的建设达到信息资源的共享。这一环节是信息系统优化的重要环节，但是对于企业发展要求较高，需要投入大量的资金和人力，也需要耗费大量的时间，对于中小型企业来说是一个巨大的挑战。

在数据管理阶段，企业已经建立了较为完善的管理体系，对企业的信息系统和数据库进行统一管理，能够实现信息共享。在这一阶段企业可以利用内部和外部资源，并且对资源的利用效率也比较高。

在成熟阶段，企业的数据处理能够与企业发展相匹配，满足企业的各项需求，为企业提供信息支撑，能够预测企业发展的前景，将企业原来的相关数据进行整合，将信息技术与企业的战略高度进行连接，充分利用内外部资源，提升企业的整体竞争力①。

2. 技术执行框架理论

技术执行框架理论认为，框架在实体组织中是对理解力和行动力的一项传达思考工具。在组织中，成员所拥有的框架是一种无形的原则，可以影响到其对组织所发生事件的解释，赋予意义并依此而行动。同属一个群体或社团的成员可以拥有共同的框架。"技术框架是与组织所应用的技术相关的一种框架，是组织成员用于理解组织中技术的假定、预期和知识。"在同一个组织中，用户与技术人员之间的、技术框架之间的差异造成了技术导入期的困难，从而影响了技术在组织中的传播。

具体而言，对于信息技术传播，企业组织中的用户群体和技术人员群体各有着自己的技术框架。用户和技术人员对信息技术都有着自己的假设、预期和知识。这两种技术框架之间的关系直接影响了组织对信息技术的采用，也相应影响了信息技术的使用后果。如果技术人员和用户的技术框架是一致的，那么企业就较容易接受信息技术，否则企业在应用信息技术时就会发生困难。

因此，在进行信息系统的设计时，要创造更多的可能性，让技术人员群体与用户群体的技术框架趋于一致②。

3. 穆尔斯定律

美国情报学家穆尔斯提出：一个情报检索系统，如果对使用者来说取得情报要比他不取得更费事更麻烦的话，这一系统就不会得到利用。因为在知识与工程界存在着

---

① 陈祥园. "互联网+"背景下京东物流信息化建设研究［D］. 武汉：中南财经政法大学，2021.
② 丁婧. 功能层面的教育信息化评价标准研究［D］. 南京：南京师范大学，2011.

这样一种风气：由于获得信息后，必须进行阅读和理解信息，并受责任的驱使而不得不采取行动。与不拥有信息相比这一过程是费事的，因此会导致用户不情愿使用情报检索系统的情况。而这种情况与系统性能本身的优劣无关。

这一定律虽提出于情报检索工作中，但对信息系统同样适用。因为无论任何信息技术都包含与组织内用户进行的信息交互，这种交互就是一个广义的检索。因此信息技术在组织内的传播是与该技术的用户友好性息息相关的。只有对组织内用户来说易用、方便的技术，才可能被用户接受，信息技术才能在组织中得到扩散与广泛应用。因此在信息技术传播的过程中需要了解用户的信息行为和习惯，以此进行信息系统的建设和改造，就能够提高信息系统的使用效率，从而降低组织的运营成本[①]。

4. 波拉特的信息经济算法

有关信息经济、信息化的测度理论与方法形成于20世纪60年代，到了80年代时得到了较为广泛的应用。国外信息测试的研究中，影响最大、应用较广的主要有两个分支：一是从经济学范围出发的以信息经济为对象的宏观计量，大多由经济学家进行研究，以波拉特创立的方法最为著名。二是从衡量社会的信息流量和信息能力等来反映社会的信息化程度，主要依据某些综合的社会统计数据构造测度模型，具有代表性的是日本的信息化指数模型。

波拉特的信息化测度评价理论主要是从市场角度出发考察信息的生产者与消费者。他将信息活动划分为市场信息活动和非市场信息活动。"那些向市场提供信息商品或服务、参与市场交换的厂商部门称为一级信息部门，由一级信息部门构成的市场称为一级信息市场。为满足政府或非信息企业内部消费而提供信息生产和服务的部门称为二级信息部门。"波拉特通过测量那些直接支持二级信息部门运行所消耗的各种劳动力和资本的价值，推算出这些部门不直接进入市场的信息服务的"准市场"价值。其中"第二信息部门"及"准信息企业"概念的提出具有开拓性意义和重要作用。

波拉特方法是较早的、最具权威性和普遍适用性的信息经济分析和测算方法，这一套宏观信息经济的定量分析测评方法的创立，为后来人类对信息社会、信息经济、信息政策的科学研究奠定了重要的基础。

但是波拉特方法在取得重大成就的同时，也难免有不足之处。它是建立在物质经济基础之上的价值观念、经济模式和统计体系，在概念的严谨性、分类的科学性、测算的合理性等方面都值得商榷。因为信息产业外延太广，将第二产业中部分部门也包

---

① 王琳，赖茂生. 信息技术接受机制研究——对企业知识管理系统导入的启示［J］. 情报科学，2007（06）：921-928.

括在内，又因将信息部门的信息活动排除在外，且计算过于复杂，难以经常进行①。

5. 社会信息化指数

社会信息化指数从社会的信息能力角度来测算社会经济信息化程度，由信息量、信息装备率、通信主体水平、信息系数 4 个主要因素，11 个小的变量组成。信息化指数法指标统计方便、计算简单，具有很好的操作性和可比性，可以纵向比较信息化进程，也能够横向比较不同国家或地区间差异，是一种具有适应性、可操作性的信息经济测度方法，弥补了对社会生活信息化方面统计较弱的缺陷。

但是信息化指数模型从理论上讲过于简单，不够全面，只反映了某几个方面的信息环境状况而对信息需求满足程度等重要方面未能包括在内，指数的算术平均法未能体现权重，无绝对的经济学意义。另外其研制所处时期的历史局限性使使用这一指标方法时必须根据信息化的发展去适当地调整指标体系②。

6. 知识产业理论

1962 年，马克卢普在其著名的《美国知识的生产与分配》一书中，首次提出了"知识产业"的概念。他认为知识产业是或者为自身消费，或者为他人消费而生产知识，或从事信息服务和生产信息产品的组织或机构，如厂商、机构、组织或部门，甚至可能是个人或家庭。

马克卢普使用最终需求法测度美国知识产业的生产与分配过程。按照马克卢普的理解，知识产业由研究与开发、所有层次的教育、通信及中介媒介、信息设备或设施、信息机构或组织 5 个层次组成。知识产业及其在 5 个层次上的构成，是马克卢普信息经济理论的核心，也是其测度的核心内容之一。

马克卢普的分析方法为组成信息部门的各个部分提供了一个框架，缺点是测度方法所需要的数据超出了国民经济账户的范围，需要花费更多的数据收集和计算工作。在测算过程中，由于包括的细节太多，客观上会夸大信息产业在国民生产总值中的比重，有可能陷入重复计算的陷阱③。

7. 信息部门投入—产出法

自从 1977 年波拉特使用美国商务部投入—产出数据库分析美国信息经济结构以来，国内外学者展开了投入—产出模型在信息经济测算中的研究。代表性的思路有两种：卢卡纳尔顿模型和贺铿—王中华模型。

卢卡纳尔顿模型要解决的问题是将一级信息部门和二级信息部门结合在一个统一的投入产出框架中。首先一级信息部门的数据可以从一般的投入—产出表中获得，根

---

①②③ 屈超. 信息经济测度方法述评 [J]. 黑龙江对外经贸, 2009 (05)：95 - 97.

据一级信息部门的数据可以计算每个产业部门的一级信息部门的产出与总产出的比例（信息强度系数 pi），利用矩阵 P 计算最初的投入产出表 A。

$$\left\langle \frac{PAP}{(I-P)AP} \frac{PA(I-P)}{I-PAI-P} \right\rangle = \left\langle \frac{A^{11}}{A^{21}} \frac{A^{12}}{A^{22}} \right\rangle = A$$

其中，P = pi 对角矩阵；I - P 为对角的非信息强度系数矩阵，I 为强度矩阵；然后，将二级信息部门并入矩阵 A 中。扩展后的矩阵就可以反映出信息产业的投入与产出关系。

贺铿—王中华模型是以信息产品的性质为标志，将信息产业划分为三个部分，即第一信息部门（信息生产资料部分），第二信息部门（直接信息部门）和第三信息部门（中间信息部门）。这样，根据各信息部门的特点，分别采用分离法和典型调查法来计算总产值[①]。

（三）标准化理论

1. 标准系统管理的原理

（1）系统效应原理。现代标准化活动的实践表明：标准系统的效应不是直接地从每个标准本身而是从组成该系统的互相协同的标准集合中得到的，并且这个效应超过了标准个体效应的总和。系统效应之所以不同于个体效应，是因为结构合理的标准系统已经不是互不相干的标准群体，而是形成了标准之间、标准与系统整体之间相互联系、相互作用、相互补充的完整统一体。系统效应就是从要素量的集合达到整体质的飞跃中产生的。这种效应一般要比各个标准效应的简单相加大得多。

（2）结构优化原理。标准系统的结构不同，其效应也会不同，只有经过优化的系统结构才能产生系统效应。系统结构的优化，应按照结构与功能的关系，调整和处理标准系统的阶层秩序、时间序列、数量比例以及它们的合理组合，这就是结构优化原理。根据结构优化原理在对标准系统进行控制的过程中，应不断分析功能与结构的关系，一旦发现结构状况已经影响了功能的发挥和目标的实现，就应采取措施改变结构。例如，当发现由于标准系统中保证安全的标准比重太小，并且屡屡发生安全事故时，这就表明原有标准系统保证安全的功能太差，必须调整系统结构，增加必要的安全标准。这就实现了结构的优化。根据结构优化原理，还可得出一系列对标准化工作有指导作用的原则，如：

---

① 屈超. 信息经济测度方法述评 [J]. 黑龙江对外经贸，2009（05）：95-97.

①在一定范围内，当标准的数量已经达到一定程度时，标准化工作的重点应转向对系统结构的研究和调整，要注意防止那种片面追求数量而忽视结构优化的倾向，这种倾向会削弱标准的系统效应，降低标准化效果。

②为使标准系统发挥较好的效应，不能仅停留在提高单个标准的素质方面，应该在稳定素质的基础上，致力于改进整个系统的结构。

③当标准系统过于臃肿，功能降低时，可采用精简结构要素的办法，减少系统中不必要的要素和某些不必要的结构，其结果不仅不会削弱系统功能，还可提高系统功能。这可看成简化的理论依据。

（3）有序原理。标准系统的结构经过优化以后，系统内部各要素之间彼此协调，系统与外部环境之间也保持适应的状态，只有在这种稳定状态下才能发挥标准系统的功能。当外部环境发生变化时，向标准系统提出新的要求（也就是标准系统与外部环境不相适应时），原有的稳定状态便难以继续维持下去。这时标准系统或者向与环境相适应的新的稳定状态发展，或者瘫痪瓦解。这表明标准系统的稳定是相对的、暂时的，它是要变化发展的。只有及时淘汰标准系统中落后的、低功能的和无用的要素，或向系统中补充对系统发展有带动作用的新要素，才能使系统由较低有序状态向较高有序状态转化，推动系统的发展。

（4）反馈控制原理。标准系统离不开环境，标准系统的环境是指这个系统存在和发展的外界条件的总和。标准系统所处的环境是一系列动态系统，因此标准系统必须能够感受环境的变化，即能从变化的环境中接受信息。标准系统演化、发展以及保持结构稳定性和环境适应性的内在机制是反馈控制。即标准系统在建立和发展过程中，只有通过经常地反馈，不断地调节同外部环境的关系，提高系统的适应性和稳定性，才能有效地发挥出系统效应。而且标准系统与外部环境的适应性不可能自发实现，需要管理机构实行强有力的反馈控制。

2. 综合标准化的原理

综合标准化的定义是："为了达到确定的目标，运用系统分析方法，建立标准综合体，并贯彻实施的标准化活动。"

综合标准化的基本原则包括：把综合标准化对象及其相关要素作为一个系统开展标准化。综合标准化对象及其相关要素的范围应明确并相对完整。综合标准化的全过程应有计划有组织地进行。以系统的整体效益（包括技术、经济、社会3个方面的综合效益）最佳为目标，局部效益服务整体效益。标准系统的标准之间，应贯彻低层次服务高层次的要求。充分选用现行标准，必要时可对现行标准提出修订和补充要求。标准系统内各项标准的制定与实施应相互配合。

（1）综合性：综合标准化把整体性作为首要原则。

（2）目的性：综合标准化的目的性非常突出。当标准化对象确定之后，接着就是明确标准化的目的（要解决什么问题，达到什么要求）。为使目的更加清晰、明确，必须规定具体的目标。

（3）成套性：综合标准化不是一次只制定一项，而是同时（在限定时间内）制定一整套标准。

（4）整体协调性：成套制定标准时，可以将实现目标相关的标准在制定修订前就通盘考虑，同时互相协调，降低了事后协调的难度。由于整体目标已经确立，局部服务整体已成为共识的原则，易于使协调结果最佳。

（5）闭环控制：通过标准的制定、标准的实施、实施过程的跟踪检查、数据资料收集、信息反馈、直到评价验收，形成一个完整的闭环控制过程，从而不产生无用标准。

（6）计划性和风险性：通过由相关各方组成一个权威性的协调机构，由它拟定计划、进行协调、组织实施。这是综合标准化成功的组织保障。

（四）"4E"理论

1. 经济性——Economy

简单地说，经济性就是指以较低的成本来最大限度地获取资源，即投入成本的降低程度。经济性是发达国家开展财政支出绩效评价工作的初始动力之一，其评价的重点在于说明花了多少钱、是否按照程序花钱，主要是对成本和收益进行对比分析，并以低成本投入而获得的资金节省为量度。

2. 效率性——Efficiency

效率性是指一种活动或一个组织的投入与产出之间的关系，主要关注投入与产出之间的比较，最常用的效率测定标准是单位成本及劳动生产率。效率性原则是发达国家政府及社会各界对财政支出的项目决策机制、项目实施比较、项目的社会和经济效益取得等方面要求的具体体现。评价一个财政支出项目是否具有效率性，主要从以下3个方面加以考虑：一是投入情况，也就是资源的使用情况；二是项目、工程或计划的运行情况；三是产出情况。

3. 效益性——Effectiveness

效益性是指与预期的目标相比较，项目、工程或计划实现结果的程度。有效性评价重点强调了管理者的责任。其责任主要集中在目标的创立、产出和报告以及产出结果的可比性。因此，项目、工程或计划的有效性问题，只有在结果能够实现的情况下才能进行评价。其效益是指产出对预期目标所做贡献的大小。

4. 公平性——Equity

作为财政支出绩效的衡量标准，最关心的是接受服务的个人或团体是否受到了公正的待遇，需要特别关注的弱势群体是否能够享受到更多更好的服务。

（五）基本原则

绩效评价指标是指衡量绩效目标实现程度的考核工具。绩效评价指标的确定应当遵循以下原则：

（1）相关性原则。应当与绩效目标有直接的联系，能够恰当反映目标的实现程度。

（2）重要性原则。应当优先使用最具评价对象代表性、最能反映评价要求的核心指标。

（3）可比性原则。对同类评价对象要设定共性的绩效评价指标，以便于评价结果可以相互比较。

（4）系统性原则。应当将定量指标与定性指标相结合，系统反映财政支出所产生的社会效益、经济效益、环境效益和可持续影响等。

（5）经济性原则。应当通俗易懂、简便易行，数据的获得应当考虑现实条件和可操作性，符合成本效益原则。

三、信息化预算绩效指标开发的基本方法

（一）关键绩效指标（KPI）

KPI通过对组织内部某一流程的输入端、输出端的关键参数进行设置、取样、计算、分析，衡量流程绩效的一种目标式量化管理指标，是把组织的战略目标分解为可运作的近期目标的工具，是绩效管理系统的基础。

KPI能够抓住能够有效量化的指标，提高绩效考核的可操作性与客观性。对工作绩效特征分析，提炼出最能代表绩效的若干关键指标体系，并以此为基础进行绩效考核的模式。

（二）平衡计分卡（BSC）

BSC的一般模型是以信息为基础，系统考虑组织业绩驱动因素，多维度平衡评价的一种组织业绩评价系统。同时，它又是一种将组织战略目标与组织业绩驱动因素相

结合，动态实施组织战略的战略管理系统。

（三）关键行为指标（KBI）

KBI 是考察各部门在一定时间、一定空间和一定职责范围内关键工作行为履行状况的量化指标，是对各部门工作行为管理的集中体现。部门 KBI 得分不仅取决于所属全体员工 KBI 得分的简单叠加，也取决于部门本身的组织结构和管理模式。科学、合理的组织结构和管理模式有助于所属全体员工 KBI 得分相同的情况下部门 KBI 成绩的大幅度提升。

KBI 的具体标准可分为频率标准（即行为表现发生的频率）、类别标准（即行为表现所属的类别）、次序标准（即行为表现在整体中所处的次序）、差距标准（即行为表现与标杆的差距）、比率标准（即行为表现与标杆的比率）5 种形式。

（四）目标管理（MBO）

MBO 是管理者通过目标管理下级，当组织的目标确定后，各级管理者将其有效分解，转变成每个部门和岗位的子目标。组织中的各级管理者根据部门和岗位子目标的完成情况对下级实施评价、考核和奖惩。

第四节　信息化预算绩效指标和标准库建设

一、绩效指标和标准库概述

设置绩效指标和标准体系是预算绩效管理的基础及重点工作，绩效指标是绩效目标的细化和量化。绩效指标在预算编制阶段设定绩效目标时确定，反映预算实施所达到的预期产出和结果。绩效指标自预算编制阶段起，贯穿着绩效目标管理、绩效运行监控、绩效评价实施和评价结果应用等全过程预算绩效管理链条，绩效评价指标是衡量绩效目标实现程度的考核工具。

随着全面实施预算绩效管理及预算管理制度的深化改革，绩效目标迫切需要建立标准体系，2021 年财政部发布《中央部门项目支出核心绩效目标和指标设置及取值指引（试行）》（财预〔2021〕101 号）。为进一步夯实预算绩效管理基础，规范绩效指标设置，2013 年财政部发布《预算绩效评价共性指标体系框架》（财预〔2013〕53 号）。各省、地市级财政已开始建立健全各地分行业、分领域预算绩效指标和标准体系工作，多数省、地市级财政已下达通知，要求各一级预算单位建立分行业、分领域预算绩效指标体系，尤其是行业主管部门需要建立本行业的预算绩效指标体系。

预算绩效指标和标准库（以下简称"指标库"）建设需要遵循以下原则：

（1）内容完整、层次分明。从横向看，绩效指标以政府收支分类科目支出功能分类为框架，指标库中行业和领域对应类、款两级，资金用途对应预算项目支出方向。从纵向看，绩效指标体系分为三级，一级、二级指标按照财政部印发的指标框架设置，三级指标体现各行业各领域预算支出核心产出和效果。

（2）量化可比、简便易行。根据不同预算支出对象的特点设置绩效指标和标准，以定量指标为主、定性指标为辅，力争做到绩效指标可采集、可衡量、可比较，操作简便、实用性强。

（3）依据充分、衔接匹配。绩效指标和标准主要根据相关法律法规、部门职责、战略规划、相关政策制度办法等设定，突出结果导向，反映各行业领域主管部门核心履职成效。

（4）共建共享、动态管理。指标库在财政部的统一组织下，由各中央部门和地方共同研究编制。下一步，各级财政将共同使用和维护，动态更新完善，持续提升预算绩效指标和标准的科学性、完整性和准确性，为建立绩效大数据分析系统提供有力支撑。

信息化领域（行业）的预算指标体系目前正处于雏形阶段，尚未形成全方位、完整且细化的指标体系。由于被评价的信息化项目所涉及的部门、所处行业各异、资金来源不同，即使同一行业由于层级不同在评价指标的设计和选择上要求也不尽相同。虽然财政部有关文件中对共性指标体系框架进行了规范和引导，某些省市也创建了项目指标库并起到了积极的引导效应，但适合信息化项目特点的相关指标未全方位构建。建设单位或评价机构靠自己对项目理解自行设置评价指标，随意性强，部分项目指标设置不完整。评价指标看似繁多，但指标与信息化项目相关性较低，多个指标相加单线逻辑而内在关联度和系统性不强，指标描述模糊，可衡量性不够，制约了信息化项目绩效评价工作质量。

二、绩效指标和标准的构成

（一）评价指标

评价指标是衡量绩效的基本单位，是实现绩效评价的前提和基础。评价指标的构成必须具备科学性、全面性和可操作性，以保证绩效评价结果的客观性、真实性和可靠性。

1. 信息系统运维类项目

（1）产出指标。

数量指标：硬件维护数量、软件维护数量。

质量指标：系统故障恢复时间、系统故障率。

时效指标：系统故障修复处理时间、系统运行维护响应时间。

成本指标：线路租用成本、数据采购成本、年度维护成本增长率。

（2）效益指标。

社会效益：主页点击量。

可持续影响指标：系统正常使用年限。

（3）满意度指标。

服务对象满意度指标：使用人员满意度。

2. 信息系统开发或升级改造类项目

（1）产出指标。

数量指标：系统定制开发数量（个/套）、软件购置数量、软件系统开发功能点数量、硬件购置数量。

质量指标：硬件验收率、软件验收率、系统响应速率、系统故障率、数据采集丢包率、数据推送时延、并发用户数量。

时效指标：系统整体建设周期、硬件采购周期、软件购置周期、软件开发周期、系统有效工作时间、系统故障恢复时间、各类统计数据形成时间、系统查询响应时间。

成本指标：最高单位建设成本（元/功能点）、硬件购置成本、软件购置成本、软件开发成本。

（2）效益指标。

社会效益指标（系统使用情况方向）：设备使用率、数据库使用率、带宽使用率、机柜使用率、储存使用率、用户总量、单位注册率、用户使用率、活跃用户率、模块（功能）使用率、数据增量率。

社会效益指标（系统使用效果方向）：系统与业务需求的匹配程度、系统与业务流程融合率。

社会效益指标（公众开发程度方向）：系统整合共享情况、系统开放水平。

可持续影响指标：系统正常使用年限、硬件质保期、软件服务期。

（3）满意度指标。

服务对象满意度指标：使用人员满意度。

以上是信息化项目常见的共性指标，而个性指标是指因各个信息化项目的特殊性质而具有独特性的指标，其重要性在于根据不同的信息化项目特性量身定制，反映信息化建设目标的实现情况，如政务服务的满意度、数字城市建设的智慧化程度等。个性指标的选择需要根据具体的信息化项目特点和目标来确定。

（二）评分指标权重

评分指标权重是指在信息化预算绩效评价中，不同指标的重要程度，通常以百分比的形式表示，是用来计算各项指标得分的权重值。评分指标权重的确定需要考虑到各个指标的实际重要性，也需要考虑到整个信息化建设的战略目标和预算计划。

评分指标权重的确定是信息化预算绩效评价的重要环节，需要根据不同的信息化项目特点和目标来确定。一般而言，评分指标权重的确定可以遵循以下步骤：

（1）确定指标的重要性：针对每个评价指标，分析其对信息化项目的重要性，并确定其相对重要性。

（2）量化指标重要性：将各项指标的重要性量化为具体的数值，并对各项指标的重要性进行排序。

（3）确定权重系数：根据指标重要性的排序，为各项指标确定相应的权重系数，通常以百分比的形式表示。

（4）确定总权重系数：将各项指标的权重系数相加，得出总权重系数，通常为100%。

评分指标权重的确定需要考虑到整个信息化建设的战略目标和预算计划，同时也需要考虑到各项指标的实际重要性和优先级。在确定权重系数时，需要进行充分的讨论和协商，确保权重系数的合理性和科学性。

评分指标权重的确定对于信息化预算绩效评价的准确性和可靠性有着重要的影响。通过合理确定权重系数，可以更加客观地反映信息化建设的成效，为优化资源配置和提高投资回报率提供科学依据。

（三）评分标准

评分标准是根据评价指标和评分指标权重所制定的、用于评价各项指标得分情况的标准。评分标准是信息化预算绩效评价的核心内容，可以通过定量、定性等多种方式来制定。

评分标准的制定需要考虑到评价指标的实际情况和预算计划，通常可以遵循以下步骤：

（1）确定得分区间：针对每个评价指标，确定其得分区间，并为每个得分区间设定相应的分数值。

（2）制定得分标准：根据得分区间和分数值，制定相应的得分标准，明确各项指标得分的具体标准和计算方法。

（3）制定总分计算公式：根据各项指标的权重系数和得分标准，制定总分计算公式，计算各项指标的总分。

评分标准的制定需要考虑到评价指标的实际情况和预算计划，同时也需要考虑到评价的科学性和公正性。评分标准需要满足以下3个方面的要求：

（1）可量化：评分标准需要能够量化各项指标的得分情况，以便进行计算和比较。

（2）公正性：评分标准需要公正、客观、科学，避免主观因素的干扰，保证评价的公正性和准确性。

（3）实用性：评分标准需要具有实际操作性，易于实施和计算。

评分标准的制定是信息化预算绩效评价的重要环节，需要根据实际情况和预算计划，制定符合评价要求的标准。通过制定合理的评分标准，能够更加客观地反映信息化建设的成效，为优化资源配置和提高投资回报率提供科学依据。

三、绩效指标和标准建立和运行流程

信息化预算绩效评价需要建立科学合理的绩效指标和标准库，并将其运用到实际工作中。本节将介绍绩效指标和标准建立和运行流程的具体步骤。

（一）绩效指标和标准库建立

（1）确定评价对象：确定评价的信息化项目，明确评价对象。

（2）确定评价指标和评分标准：根据评价对象的特点和信息化建设的目标，选择合适的评价指标和评分标准，建立评价指标和标准库。

（3）制定指标权重：根据不同指标的重要性，制定指标权重。

（4）确定评分方法：根据评价指标和评分标准，制定评分方法，确定得分规则。

（5）测试和验证：测试和验证指标和标准库的有效性和可行性，调整指标和标准库。

（二）绩效指标和标准库运行

（1）绩效指标数据收集：收集评价对象的相关数据，包括投资成本、项目完成情况、用户满意度等。

（2）绩效指标数据处理：根据评价指标和评分标准，对收集到的数据进行处理，计算各项指标得分。

（3）绩效分析和评估：根据指标得分，对信息化建设的成效进行分析和评估，得出结论和建议。

（4）持续优化：对指标和标准库进行持续优化，提高评价效果和准确性。

以上是绩效指标和标准库建立和运行的基本步骤，不同的项目和情况会有所不同，但总体流程是相似的。

信息化预算绩效评价是信息化建设中的重要环节，建立科学、系统、规范的绩效指标和标准库，有助于科学评价信息化建设的成效，提高投资回报率。建立绩效指标和标准库需要根据不同的项目情况和目标，制定合适的指标和标准，并进行持续优化。绩效指标和标准库的建立和运行需要经过科学的流程管理，才能取得良好的评价效果。

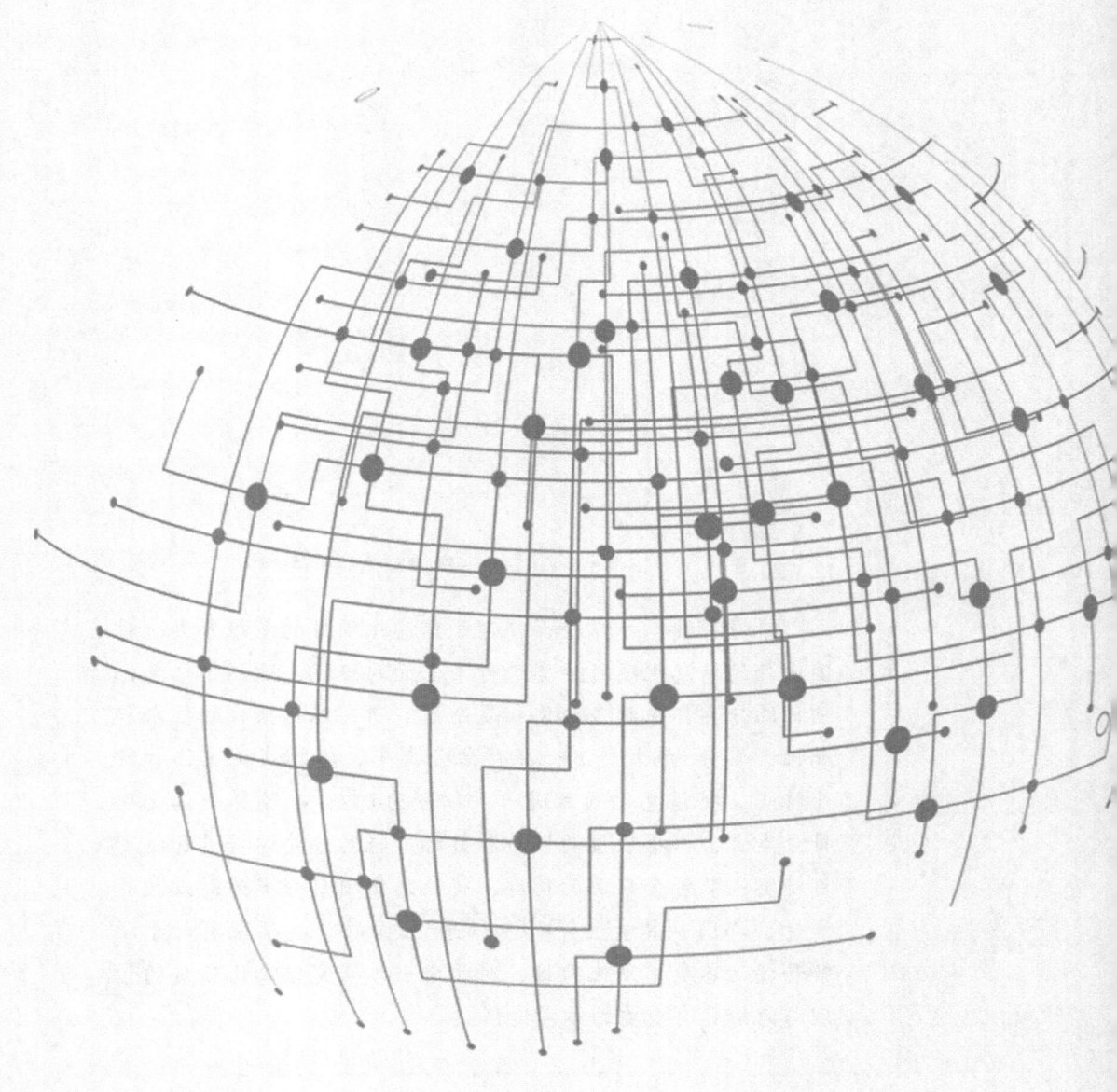

/ 第二章 /

信息化项目分类的多维透视

本章摘要：本章全面梳理了信息化项目的多维分类。对国内外的信息化项目分类进行了全面的概述，强调了信息化项目的分类体系的多元化和复杂性。研究依据项目的技术和属性，划分为5大类别；在行业分类中，根据实施主体和行业特点，将信息化项目进一步细分为4类；在预算一体化项目分类上，根据项目的性质和目标，将其分为运转类和特定目标类；从资金来源的角度，将信息化项目分类为财政预算资金、部门预算资金等6类。这一全面的分类框架有助于理解和评估各类信息化项目，对于进一步研究信息化项目的管理与评价具有重要的参考价值。

第一节　信息化项目分类概述

本节从3个维度，即功能目标或业务需求、技术特征或属性以及投资规模或预算来源，阐述不同国家及地区对信息化项目的分类方式，结合国内外的分类经验对信息化项目进行深度划分，有助于不同类型的信息化项目进行有效的规划、评估和管理。

一、国外信息化项目分类概述

信息化项目是指该类项目以计算机、通信技术及其他现代信息技术为主要手段的信息网络、信息安全、信息资源、信息应用系统等新建、扩建或者改建工程项目。不同国家和地区对于信息化项目的分类方式有所差异，但大致可以归纳为以下3种：

（1）按照功能目标或业务需求进行分类。例如，美国政府将其联邦级别的信息化项目分为战略性系统（Strategic Systems）、核心业务系统（Core Business Systems）、管理支持系统（Management Support Systems）和基础设施系统（Infrastructure Systems）4类[1]。

（2）按照技术特征或属性进行分类。例如，欧盟将其成员国的公共部门信息化项目分为基础设施类（Infrastructure）、数据类（Data）、服务类（Services）和应用类（Applications）4类[2]。

（3）按照投资规模或预算来源进行分类。例如，日本政府将其行政机关的信息化项目分为大型项目（Large-scale Projects）、中小型项目（Medium and Small Projects）和其他项目（Other Projects）3类，并根据不同类型的项目制定了相应的审批程序和监督机制[3]。

二、国内信息化项目分类概述

我国对于政府部门及事业单位开展的各类公共服务性质的信息化建设开发类和运维服务类两大类别下面又细分出了多个子类型。

---

[1] 王海粟. 浅议会计信息披露模式[J]. 财政研究，2004，21（01）：56-58.
[2] 夏鲁惠. 高等学校毕业论文教学情况调研报告[J]. 高等理科教育，2004（01）：46-52.
[3] 郭英德. 元明文学史观散论[J]. 北京师范大学学报（社会科学版），1995（03）：9.

（一）按照功能目标或业务需求

按照功能目标或业务需求主要有以下 5 种：

（1）政务服务型：以提供便捷高效的政务服务为主要目标或内容的信息化项目。例如，电子政务平台、网上办事大厅等。

（2）公共安全型：以提高公共安全水平和应急能力为主要目标或内容的信息化项目。例如，视频监控系统、智能交通系统等。

（3）社会管理型：以优化社会管理流程和提升社会治理效能为主要目标或内容的信息化项目。例如，人口与出入境管理系统、社会保障卡系统等。

（4）公共服务型：以满足公众日常生活需求和提升公共服务水平为主要目标或内容的信息化项目。例如，数字图书馆系统、智慧医疗系统等。

（5）行业支撑型：以支持特定行业领域发展和创新为主要目标或内容的信息化项目。例如，农村电子商务平台、教育信息化系统等。

（二）按照技术特征或属性

按照技术特征或属性主要有以下 4 种：

（1）基础设施类：以建设和完善信息化基础设施为主要目标或内容的信息化项目。例如，政务外网、政务内网、应急通信、公共安全等网络工程。

（2）数据类：以建设和整合各类数据资源为主要目标或内容的信息化项目。例如，基础数据库、业务数据库、综合数据库、数据中心等数据系统工程。

（3）服务类：以提供各类信息服务为主要目标或内容的信息化项目。例如，政务服务系统、公共信息系统、便民服务系统等服务系统工程。

（4）应用类：以开发和实施各类业务应用系统为主要目标或内容的信息化项目。例如，业务管理系统、业务分析系统、业务协同系统等业务系统工程。

（三）按照投资规模或预算

按照投资规模或预算主要有以下 3 种：

（1）大型项目：指投资规模超过一定金额（如 5000 万元）或涉及多个部门协同实施的跨区域性、跨行业性的重点信息化项目，需要经过严格的立项审批和监督管理流程，并按照专项预算安排执行。

（2）中小型项目：指投资规模在一定金额（如 5000 万元）以下或涉及单个部门自行实施的局部性、专项性的普通信息化项目，可以根据年度预算安排执行，并在年度内完成结算。

（3）其他项目：指不属于上述两种类型的其他特殊性质的信息化项目，需要根据具体情况制定相应的管理办法和执行程序。

以上3种分类方式并不是互斥的，而是可以相互结合或补充的。在实际操作中，还可以根据具体情况考虑其他因素，如行业领域、实施主体、管理模式等，以便对不同类型的信息化项目进行有效地规划、评估和管理。因此，需要从不同角度对其进行分类，以便把握其本质特征和差异性。

（四）本书分类

综上所述，国外和国内有关信息化项目分类方面还没有统一的标准或规范，但根据已有的文献①和实践经验②③④，本书将从以下4个方面对信息化项目进行分类：

（1）项目技术分类：根据信息化项目所采用或涉及的主要技术或属性特征进行划分，如基础设施建设类、数据系统建设类、业务系统建设类、服务系统建设类等。

（2）行业分类（实施主体）：根据信息化项目所属或服务的行业领域或实施主体进行划分，如公安行业、农业行业、医疗行业、电力行业、教育行业、电信行业、制造业等。

（3）预算一体化项目分类：根据《财政部关于印发〈预算管理一体化规范（试行）〉的通知》（财办〔2020〕13号）中明确要求开展预算绩效管理工作范围进行划分，如运转类（包括运转支出类和运转资产类）、特定目标类等。

（4）资金来源分类：根据信息化项目所使用或涉及的财政资金来源进行划分，如部门预算资金、转移支付资金、政府债券资金、政府投资基金资金、政府购买服务资金等。

第二节 信息化项目技术分类

基于项目技术，市场中常见的信息化项目包括：硬件设备购置、软件购置、计算

---

① Heider, E. R. & D. C. Oliver. The structure of color space in naming and memory of two languages [J]. Foreign Language Teaching and Research, 1999 (03): 62–67.
② Gill, R. Mastering English Literature [M]. London: Macmillan, 1985: 42–45.
③ Almarza, G. G. Teacher Learning in Language Teaching [C]. New York: Cambridge University Press. 1996: 50–78.
④ Spivak, G. Victory in Limbo [C]. Urbana: University of Illinois Press, 1988: 271–313.

机信息系统集成、定制软件开发工程、信息系统运行维护及基础设施建设项目等[①]，其中：

硬件设备采购主要包括：主机设备、网络设备、存储设备、安全设备、安防设备、音频和视频设备及其他设备购置等。

通用软件采购主要包括：基础软件、支撑软件、应用软件及其他软件购置等。

计算机信息系统集成项目主要包括：硬件集成、软件集成、系统集成等。其中，硬件集成包括：主机集成、网络集成、存储集成、安全设备集成、其他硬件集成等；软件集成包括：基础软件集成、支撑软件集成、其他软件集成等；系统集成包括：硬件系统集成、硬件系统试运行等。

定制软件开发工程项目主要包括：各种专用系统中的系统功能性需求、非功能性需求等。

信息系统运行维护项目主要包括：硬件系统运行、硬件系统维护、软件系统运行维护、基础设施运行、基础设施维护等。其中，硬件系统运行包括：主机系统、存储系统、网络系统、安全系统、安防系统等运行；硬件系统维护包括：主机系统、存储系统、网络系统、安全系统、安防系统、音频和视频系统等维护；软件系统运行维护包括：系统软件、支撑软件、信息安全软件、应用软件等运行维护；基础设施运行包括：电气系统、暖通系统、消防系统、环境和设备监控系统等运行；基础设施维护包括：电气系统、暖通系统、消防系统、环境和设备监控系统等维护。

本书基于上述技术属性分类，结合信息化项目绩效评价实践需求，将信息化项目主要分为以下 3 类。

一、信息系统集成类

信息系统集成类项目是指以建设和完善信息化基础设施为主要目标或内容的信息化项目，主要包括以下 4 种子类型：

网络工程：指建设和优化各级各类信息网络的工程项目，如政务外网、政务内网、应急通信、公共安全等网络工程。

数据中心工程：指建设和维护数据中心的工程项目，包括数据中心的规划、设计、建设、运行、维护等各个环节。

云计算工程：指利用云计算技术提供各类信息服务的工程项目，包括云平台的搭建、

---

① 赵晓东. 信息化项目分类及其特点 [J]. 信息化建设，2010（03）：1-3.

云资源的配置、云服务的开发、云应用的部署等各个环节。

物联网工程：指利用物联网技术实现物与物之间的智能连接和数据交换的工程项目，包括物联网设备的安装、物联网平台的搭建、物联网应用的开发等各个环节。

信息系统集成类项目的构成要素主要包括以下4个方面：

硬件设备：指用于支撑信息系统运行所需的各类物理设备，如服务器、路由器、交换机、传感器等。

软件平台：指用于提供信息系统基础功能和服务的各类软件，如操作系统、数据库、中间件、开发工具等。

系统架构：指用于规范和指导信息系统设计和实施的技术框架，如分层架构、微服务架构、大数据架构等。

技术标准：指用于保证信息系统质量和兼容性的技术规范，如网络协议、数据格式、接口规范等。

二、定制软件开发类

定制软件开发类项目是指以开发和实施符合特定需求或场景的业务应用系统为主要目标或内容的信息化项目，主要包括以下几种子类型：

业务管理系统：指用于支持各类业务流程和管理活动的应用系统，如财务管理系统、人力资源管理系统、采购管理系统等。

业务分析系统：指用于对各类业务数据进行收集、处理、分析和展示的应用系统，如决策支持系统、数据仓库系统、数据挖掘系统等。

业务协同系统：指用于实现不同部门或机构之间的业务沟通和协作的应用系统，如办公自动化系统、电子邮件系统、视频会议系统等。

定制软件开发类项目的构成要素主要包括以下4个方面：

需求分析：指对用户需求进行收集、整理、分析和确认的过程，以明确项目目标和范围。

设计开发：指根据需求分析结果进行软件设计和编码的过程，以实现项目功能和性能。

测试部署：指对软件进行各种测试和验证的过程，以保证项目质量和稳定性，并将软件部署到目标环境中。

运维维护：指对软件进行日常运行和管理的过程，以保证项目可用性和安全性，并根据用户反馈进行软件更新和优化。

三、信息系统运行维护类

信息系统运行维护类项目是指以提供信息系统的运行和维护服务为主要目标或内容的信息化项目，主要包括以下几种子类型：

系统运行服务：指对信息系统进行监控、调度、备份、恢复等日常运行管理的服务，以保证系统正常运行和高可用性。

系统维护服务：指对信息系统进行故障排除、修复、升级、改造等日常维护管理的服务，以保证系统正常功能和高性能。

系统安全服务：指对信息系统进行防火墙、防病毒、防攻击等日常安全管理的服务，以保证系统安全性和可信性。

系统培训服务：指对信息系统的使用者进行培训和指导的服务，以提高用户满意度和使用效率。

信息系统运行维护类项目的构成要素主要包括以下4个方面：

服务合同：指规定服务提供方和服务接收方之间的权利和义务、服务内容和标准、服务费用和结算等事项的协议文件。

服务团队：指负责提供信息系统运行维护服务的专业人员，包括项目经理、技术人员、培训人员等。

服务工具：指用于支持信息系统运行维护服务的各类软硬件工具，如监控软件、测试软件、故障诊断软件、培训资料等。

服务流程：指规范和指导信息系统运行维护服务的各个环节和步骤的工作方法，如服务需求分析、服务计划制定、服务执行监控、服务效果评估等。

第三节 信息化项目行业分类

本节将以《中华人民共和国国民经济和社会发展第十四个五年规划和2035年远景目标纲要》对行业数字化规划要求，从行业实施主体角度对信息化项目进行分类，并说明各行业包含哪些子领域及其特点和需求。

一、公安行业

公安行业是指该类项目以维护国家安全和社会稳定为主要职责和功能的行业，包括治安管理、刑事侦查、交通管理、出入境管理等子领域。公安行业的信息化项目主要是为了提高公安机关的执法能力和水平，保障人民群众的生命财产安全和合法权益，促进社会治理现代化。

公安行业的信息化项目主要包括以下4类[①]：

指挥调度系统建设类："十四五"规划纲要指出，要加强公共安全保障能力，完善应急管理体系，提高防灾减灾救灾能力，建设现代化应急指挥调度体系。此类项目以构建支持公安机关进行指挥调度、应急处置、协同作战等工作的应用系统为主要目标或内容的信息化项目，通常涉及指挥中心建设、指挥平台开发、指挥终端配备等工作。

信息采集系统建设类："十四五"规划纲要指出，要加强国家安全体系和能力建设，完善国家安全法治保障，建立健全国家安全风险防范和处置机制，提高国家安全风险防控能力，构建国家安全信息采集和分析体系。此类项目以构建支持公安机关进行信息采集、核查、比对等工作的应用系统为主要目标或内容的信息化项目，通常涉及人员身份识别系统、车辆识别系统、视频监控系统等工作。

信息共享系统建设类："十四五"规划纲要指出，要推动数字经济新优势，打造数字经济新业态新模式，推进政务数据开放共享，加快推动数字产业化和产业数字化，发展智慧社会治理体系。此类项目以构建支持公安机关进行信息共享、查询、分析等工作的应用系统为主要目标或内容的信息化项目，通常涉及警务云平台、警务大数据平台、警务区块链平台等工作。

服务管理系统建设类："十四五"规划纲要指出，要提升国民素质和社会文明程度，提高公共文化服务水平，完善国家公共服务制度体系，实施就业优先战略，健全多层次社会保障体系。此类项目以构建支持公安机关向社会公众提供服务管理功能的应用系统为主要目标或内容的信息化项目，通常涉及户籍管理系统、出入境管理系统、交通管理系统、消防救援系统等工作。

二、农业行业

农业行业是指该类项目以发展农业生产、保障粮食安全、促进农村经济社会发展为主要职责和功能的行业，包括种植业、畜牧业、渔业、林业等子领域。农业行业的信息化项目主要是为了提高农业生产效率和质量，增加农民收入和福祉，推进乡村振

---

① 预见2022：2022年中国公安信息化行业全景图谱［EB/OL］，前瞻网，https://www.qianzhan.com/analyst/detail/220/220507-84ff845e.html.

兴战略。

农业行业的信息化项目主要包括以下 4 类[1][2]：

农田基础设施建设类："十四五"规划纲要指出，要加强农田基础设施建设，提高农田综合生产能力，实施高标准农田建设，推进节水灌溉和水肥一体化，加强土壤污染防治和修复。此类项目旨在构建支持农田水利、土壤肥力、灾害防控等工作的应用系统为主要目标或内容的信息化项目，通常涉及农田水利工程、土壤改良工程、农田灾害监测预警系统等工作。

农作物生产管理类："十四五"规划纲要指出，要推进农机装备智能化升级，加快发展智慧农业，提高粮食和重要农产品供给保障能力，实现粮食安全新格局。此类项目以构建支持农作物种植、管理、收获等工作的应用系统为主要目标或内容的信息化项目，通常涉及智能农机装备、智慧农场平台、精准农业系统等工作。

畜牧渔业生产管理类："十四五"规划纲要指出，要推进畜牧渔业绿色发展，加强动物疫病防控体系建设，提升畜禽水产品质量安全水平，促进畜牧渔业结构调整和转型升级。此类型项目以构建支持畜牧渔业养殖、管理、防疫等工作的应用系统为主要目标或内容的信息化项目，通常涉及智能养殖设备、智慧畜牧渔业平台、动物疫病监测预警系统等工作。

农产品加工流通类："十四五"规划纲要指出，要推进农产品加工和流通现代化，提高冷链物流设施覆盖率和运营效率，发展多元化消费市场体系，增强消费者对国产品牌的信心和认同感。此类项目以构建支持农产品加工、储运、销售等工作的应用系统为主要目标或内容的信息化项目，通常涉及智能加工设备、智慧物流平台、电子商务平台等工作。

三、医疗行业

医疗行业是指该类项目以提供医疗卫生服务、保障人民健康为主要职责和功能的行业，包括医院管理、医疗保障、公共卫生等子领域。医疗行业的信息化项目主要是为了提高医疗服务质量和效率，降低医疗成本和风险，促进健康中国战略。

医疗行业的信息化项目主要包括以下几类：

---

[1] 赵春江. 智慧农业的发展现状与未来展望［J］. 华南农业大学学报：自然科学版，2021，42（06）：1-10.

[2] 王婷婷. 以数字化引领驱动农业现代化——《农业现代化示范区数字化建设指南》解读［N］. 农村经济导报，2020-09-29（002）.

医院管理系统建设类："十四五"规划纲要指出，要推进医院管理制度改革，完善公立医院治理结构，建立科学合理的绩效考核和激励约束机制，提高医院运行效率和服务质量。此类项目以构建支持对医院内部各个环节进行管理和优化的应用系统为主要目标或内容的信息化项目，通常涉及门诊挂号系统、住院管理系统、药品库存系统等工作。

医疗服务系统建设类："十四五"规划纲要指出，要加强重大疾病防治能力建设，完善重大公共卫生事件应急响应机制，推进"互联网＋医疗"健康发展，促进分级诊疗和家庭医生签约服务制度建设。此类项目以构建支持对患者提供诊断治疗、预防保健、康复护理等服务的应用系统为主要目标或内容的信息化项目，通常涉及电子病历系统、远程医疗系统、智能诊疗系统等工作。

医疗保障系统建设类："十四五"规划纲要指出，要完善基本医疗保险制度，扩大跨省异地就医直接结算范围，推进城乡居民基本医保制度整合，探索建立全民参保登记平台。此类项目以构建支持对医疗保险、医疗救助、医疗补贴等医疗保障政策的实施和管理的应用系统为主要目标或内容的信息化项目，通常涉及医保结算系统、医救审核系统、医补发放系统等工作。

公共卫生系统建设类："十四五"规划纲要指出，要加快构建强大公共卫生体系，完善疾病预防控制和公共卫生应急管理体系，提升公共卫生服务能力和水平。要加强传染病监测预警和流行病学调查能力，建立健全传染病信息报告、共享、反馈机制，提高传染病防控效率和水平。要完善突发公共卫生事件应急响应机制，建立健全突发事件指挥调度系统，提高突发事件应急处置能力和水平。要加强健康教育宣传工作，建立健全健康知识平台，提高人民群众健康素养和自我保护意识。此类项目以构建支持对传染病防控、突发公共卫生事件应对、健康教育宣传等公共卫生工作的应用系统为主要目标或内容的信息化项目，通常涉及传染病监测预警系统、突发事件指挥调度系统、健康知识平台等工作。

四、电力行业

电力行业是指该类项目以提供电力生产、输配和销售服务，保障国民经济和社会发展需要为主要职责和功能的行业，包括火力发电、水力发电、核能发电等子领域。电力行业的信息化项目主要是为了提高电力供应质量和安全性，降低电力损耗和成本，推进能源转型战略。

电力行业的信息化项目主要包括以下几类：

电网监控系统建设类："十四五"规划纲要指出，要加快构建以新能源为主体的新型电力系统，提升新能源消纳和存储能力，实现可再生能源大规模开发和高水平消纳利用，保障电力可靠稳定供应。此类项目以构建支持对全国或地区范围内的电网运行状态进行实时监控和调度的应用系统为主要目标或内容的信息化项目，通常涉及电网调度中心建设、电网调度平台开发、电网调度终端配备等工作。

电力生产系统建设类："十四五"规划纲要强调，要推动能源转型战略，提升电力供应质量和安全性，降低电力损耗和成本。此类项目以构建支持对各类发电厂的生产运行进行智能化管理和优化的应用系统为主要目标或内容的信息化项目，主要包括发电厂监控系统、发电厂智能化系统、发电厂节能减排系统等工作，以实现对发电过程的精准控制、提高发电效率、降低能耗排放，保障电力系统的稳定可靠运行，促进电力行业的可持续发展。

电力输配系统建设类："十四五"规划纲要指出，要加快推进输变电工程建设，提高跨区域跨省跨国家输送能力，优化区域间互济关系，增强供需平衡能力。此类项目以构建支持对输变电站和配电网的运行维护进行管理和优化的应用系统为主要目标或内容的信息化项目，通常涉及输变电站监控系统、输变电站智能化系统、配电网自动化系统等工作。

电力销售系统建设类："十四五"规划纲要指出，要深化电力市场化改革，完善市场化交易机制，促进电力需求侧响应，提高电力资源配置效率和用户满意度。此类项目以构建支持对用户用电需求和用电行为进行分析和服务的应用系统为主要目标或内容的信息化项目，通常涉及智能表计读数系统、智能用电。

五、制造业

制造业是以生产各类产品为主要职责和功能的行业，包括机械制造、电子信息、化工、食品等子领域。制造行业的信息化项目主要是为了提高生产效率、降低生产成本、优化资源配置、提高产品质量。

制造业的信息化项目主要包括以下几类：

生产自动化与智能制造类："十四五"规划纲要指出，要深入实施制造强国战略，推进智能制造示范工厂建设，完善智能制造标准体系，提高制造业核心竞争力。此类项目以构建支持制造企业进行生产自动化、智能制造的应用系统为主要目标或内容的信息化项目，通常涉及数控设备、工业机器人、自动化生产线等工作。

信息化生产管理类："十四五"规划纲要指出，要推进数字化转型，实施数字经济创新发展工程,发展云计算、大数据、物联网等新型基础设施,促进信息技术与实体经济深度融合。此类项目以构建支持制造企业进行生产计划、调度、监控等工作的应用系统为主要目标或内容的信息化项目,通常涉及生产执行系统、生产调度系统、生产监控系统等工作。

供应链与物流管理类:"十四五"规划纲要指出,要畅通国内大循环,优化提升供给结构,推动供需协调匹配,提升产品服务质量和客户满意度。此类项目以构建支持制造企业进行供应链管理、物流管理的应用系统为主要目标或内容的信息化项目,通常涉及供应链管理系统、物流管理系统、仓储管理系统等工作。

产品研发与设计类:"十四五"规划纲要指出,要强化国家战略科技力量,加快关键核心技术攻关,发展高端新材料、重大技术装备等战略性新兴产业,推动产品"增品种、提品质、创品牌"。此类项目以构建支持制造企业进行产品研发、设计、试验等工作的应用系统为主要目标或内容的信息化项目,通常涉及计算机辅助设计系统、工程仿真系统、产品数据管理系统等工作。

六、教育行业

教育行业是指该类项目以培养人才、传授知识和技能、促进个体和社会发展为主要目的的行业,包括基础教育、职业教育、高等教育、继续教育等子领域。教育行业的信息化项目主要是为了提高教育质量、拓宽教育途径、实现教育公平和资源优化配置。

教育行业的信息化项目主要包括以下几类:

教学资源建设类:"十四五"规划纲要指出,要推进高水平大学开放教育资源,完善终身学习体系,建设学习型社会。此类项目以构建支持教育机构进行教学资源开发、管理、共享的应用系统为主要目标或内容的信息化项目,通常涉及数字化教材、在线课程、教学资源库等工作。

教学管理系统建设类:"十四五"规划纲要指出,要深化新时代教育评价改革,建立健全教育评价制度和机制,发展素质教育,更加注重学生爱国情怀、创新精神和健康人格培养。此类项目以构建支持教育机构进行教学管理、评估、监控等工作的应用系统为主要目标或内容的信息化项目,通常涉及学生信息管理系统、教务管理系统、考试管理系统等工作。

信息技术基础设施建设类:"十四五"规划纲要指出,要加快数字化发展,建设数字中国,发展云计算、大数据、物联网等新型基础设施,促进信息技术与实体经济深度融合。此类项目以构建支持教育机构进行信息技术教学、研究、应用的基础设施为主要目标或内容的信息化项目，通常涉及校园网络、教育云平台、数据中心等工作。

信息技术应用推广类："十四五"规划纲要指出，要强化国家战略科技力量，加快关键核心技术攻关，激发人才创新活力，打造数字经济新优势。此类项目以构建支持教育机构进行信息技术应用推广、培训、研究的应用系统为主要目标或内容的信息化项目，通常涉及教育信息化培训、教育技术研究、创新实践等工作。

七、电信行业

电信行业是指该类项目以提供语音、数据、图像、多媒体等通信服务为主要职能和功能的行业。电信行业的信息化项目主要是为了提高通信质量、扩大通信覆盖范围、增强网络安全、提高运营效率。

电信行业的信息化项目主要包括以下几类：

网络基础设施建设类："十四五"规划纲要指出，要加快新一代信息基础设施建设，推进5G网络和卫星互联网全覆盖，提升网络速率和质量，促进数字经济和实体经济深度融合。此类项目以构建支持电信企业进行通信网络建设、维护、升级的基础设施为主要目标或内容的信息化项目，通常涉及光纤网络、4G/5G网络、卫星通信网络等工作。

业务支撑系统建设类："十四五"规划纲要指出，要发展云计算、大数据、物联网等新型基础设施，推动数据开放共享利用，培育新型数据要素市场，促进数据驱动创新发展。此类项目以构建支持电信企业进行业务运营管理、客户服务、计费等工作的应用系统为主要目标或内容的信息化项目，通常涉及客户关系管理系统、计费系统、运营支撑系统等工作。"十四五"规划纲要指出，要推动共建"一带一路"高质量发展，加强国际通信合作，提升跨境数据传输能力和安全保障水平，打造国际信息枢纽。

数据中心和云服务建设类：此类项目以构建支持电信企业进行数据存储、处理、分析和云计算服务的基础设施为主要目标或内容的信息化项目，通常涉及数据中心建设、云计算平台、大数据分析平台等工作。

网络安全与监控类："十四五"规划纲要指出，要加强网络空间治理能力建设，完善网络安全法律法规制度体系，提升网络安全保障水平，维护国家网络空间主权和安全。此类项目以构建支持电信企业进行网络安全防护、监控和应急响应的应用系统为主要目标或内容的信息化项目，通常涉及网络安全防护系统、安全监控系统、应急响应平台等工作。

第四节 信息化项目预算一体化项目分类

本节将从预算一体化的角度对信息化项目进行分类，并说明各类别的特点和意义。

预算一体化是指将政府部门的资产、负债、收入、支出等全部纳入预算管理，实现财政资金的全面监督和有效配置。根据《财政部关于印发〈预算管理一体化规范（试行）〉的通知》（财办〔2020〕13号）中明确要求开展预算绩效管理工作范围，可以将信息化项目分为以下两类：

一、运转类

（一）运转类项目概念及特点

运转类是指该类项目以支持政府部门日常运转和基本功能为主要目标或内容的信息化项目，通常涉及信息技术设备采购、信息技术设备维护、信息技术人员培训等工作，属于运转支出类或运转资产类，需要按照年度预算安排执行，并在年度内完成结算。

运转类的信息化项目的主要特点是：项目周期较短，一般不超过1年；项目规模较小，一般不超过100万元；项目效果较难量化，一般以满足需求为目标。

运转类的信息化项目的主要意义是：保障政府部门正常运行和基本功能、提高政府部门内部效率和质量和培养政府部门信息技术人才。

（二）运转类项目示例

购买新的计算机设备以支持日常运作。如购买新的服务器、桌面计算机和打印机等。

维护现有的信息技术设备。如定期对服务器和网络设备进行维护和升级。

对内部员工进行信息技术的培训。如提供对新软件的使用培训、数据安全教育等。

二、特定目标类

（一）特定目标类项目概念及特点

特定目标类是指该类项目以实现某个具体目标或功能为主要目标或内容的信息化

项目，通常涉及信息系统开发、信息平台建设、信息资源整合等工作，属于专项资金类或专项债券类，需要按照专项预算安排执行，并在专项期限内完成结算。

特定目标类的信息化项目的主要特点是：项目周期较长，一般超过1年；项目规模较大，一般超过100万元；项目效果较易量化，一般以实现目标或功能为目标。

特定目标类的信息化项目的主要意义是：实现政府部门某个具体目标或功能、提高政府部门对外服务水平和满意度和增加政府部门信息资源和价值。

（二）特定目标类项目示例

为加快推进普通高中育人方式改革，提升普通高中学校办学能力水平，由财政下达的改善高校办学条件的专项资金项目。

中央预算内投资项目，由国家发展和改革委员会审批明确建设目标、建设绩效要求的项目。进行信息资源的整合，建设数据中心或数据仓库，集成分散在不同部门的数据资源，以便于更好地数据管理和决策支持。

第五节　信息化项目资金来源分类

财政预算资金来源于国家财政预算，主要用于支持政府部门、事业单位等实施的信息化项目。主要包括一般公共预算、政府性基金预算和国有资本经营预算。

其中，对于信息化项目而言，一般公共预算通常用于政府部门的日常运营和公共服务的信息化项目。例如，公共教育、公共卫生、环境保护、公共安全等领域的信息化项目。这些项目可能包括硬件设备采购、软件系统的购买和维护、人员培训等，旨在保证政府部门的正常运行和提升公共服务的效率和质量。

政府性基金预算通常用于具有特定目标或长期投资回报的信息化项目。例如，重大科技项目、公共设施建设、重点研发项目等。这些项目可能包括新的信息系统的开发、大型数据中心的建设、高新技术的研究与开发等，旨在实现政府的长远目标和提升社会的科技水平。

国有资本经营预算通常用于国有企业或机构的信息化项目，尤其是那些有望提升企业经济效益的项目。例如，生产管理系统的优化、电商平台的建设、供应链系统的升级等。这些项目旨在提高国有企业的经营效率和盈利能力，从而提升国有资本的运营效果。

为便于明确对三类预算在实际操作中的资金流向，本节将根据实施过程中的细分进行分类，常见的形式主要包括以下几类。

一、部门预算资金

部门预算资金指各部门预算应当反映一般公共预算、政府性基金预算、国有资本经营预算安排给本部门及其所属各单位的所有预算资金。

部门预算资金主要用于支持政府部门内部的信息化项目，如办公自动化系统的采购、维护，以及员工信息技术技能的培训等。这类项目往往与部门的核心业务紧密相关，预算规模相对较小，项目周期短，影响主要体现在部门内部。部门预算资金的投入，可以使部门更好地运用信息技术来提高工作效率，提升服务质量，从而增强部门的核心竞争力。在绩效评价上，重点是检查项目是否达到预设的效果，是否能有效提升部门的运行效率和服务水平。

二、转移支付资金

转移支付资金是指上级政府为了实现财政收支的均衡，或者为了实现特定的经济和社会发展目标给予下级政府，并由下级政府按照上级政府规定的用途安排使用的预算资金。

转移支付资金由中央政府对地方政府进行资金调拨，这类资金通常用于支持地方政府实施的信息化项目。例如，电子政务系统的建设、公共服务平台的建设等。这类项目的规模通常较大，项目周期也较长，可能涉及多个部门或地区的协同工作。这类资金的投入，可以大幅提升地方政府的公共服务能力，实现政务公开透明，提高公众对政府工作的满意度。在绩效评价上，主要考察项目的实施是否有利于提高地方政府服务的效率和质量，是否增加了公众的便利性。

三、政府债券资金

政府债券资金是指政府通过发行债券筹集的资金，用于平衡财政收支、调节经济运行、投资基础设施建设等目的。

政府债券资金通常用于支持大型的信息化建设项目，如城市智能化建设、大数据中心的建设等。这类项目投资额大，周期长，对社会经济的影响深远。政府债券资金的投入，可以为社会经济的发展提供强大的信息支持，推动信息技术在更多领域的应用。

在绩效评价上，除了要考察项目的实施是否达到预期的效果外，还需要评估项目对社会经济的影响和带动作用。

四、政府投资基金

政府投资基金是指政府通过设立专项基金或者参与设立混合所有制基金，对重点领域和关键环节进行投资，引导社会资本增加对实体经济的投入，促进产业结构优化升级。

政府投资基金用于投资特定领域的基金，如信息技术创新项目、信息化人才培养项目等。这类项目往往具有探索性和创新性，项目成功的可能性相对较小，但一旦成功，其产生的社会效益和经济效益都是巨大的。政府投资基金的投入，可以推动信息技术的研发和应用，培养一批信息化人才，为国家的信息化建设提供强有力的支持。在绩效评价上，需要兼顾项目的风险和回报，强调的是对项目长期发展前景的评估。

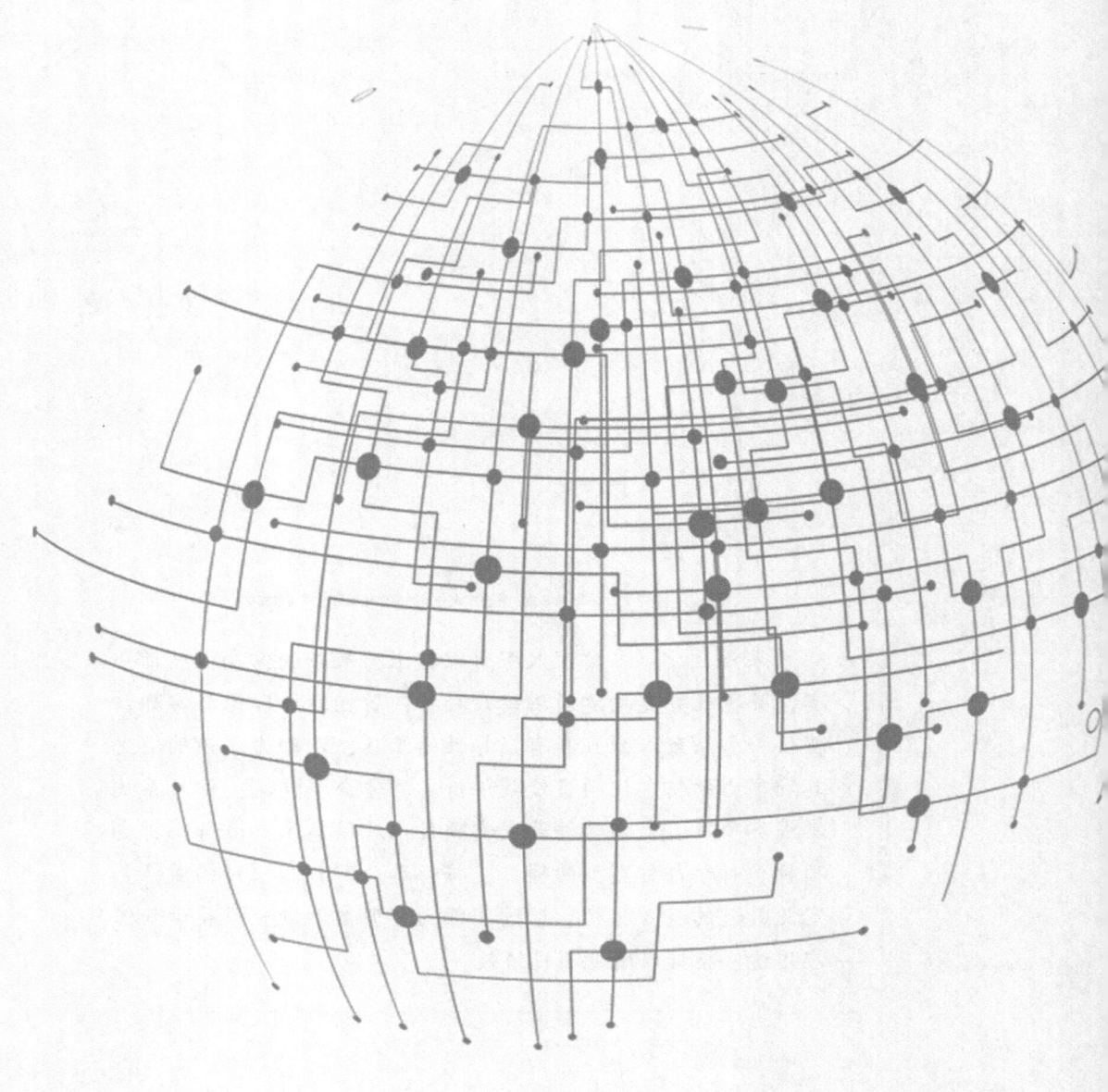

/ 第三章 /

基于技术分类的信息化项目通用绩效指标

● 第三章　基于技术分类的信息化项目通用绩效指标

本章摘要：本章深入探讨以技术为基础的信息化项目分类，并据此分类构建通用绩效指标，旨在结合理论与实际，提供一套细致入微且具有指导性的工具，以助力更精确、更具洞察力的信息化项目绩效评价。具体分类包括：信息系统集成类项目、定制软件开发类项目以及信息系统运行维护类项目。对于每种类型的项目，将详尽地解析其项目构成，并定义关键的绩效指标。通过实际的典型案例进一步展示如何应用这些指标以衡量项目绩效。

第一节　信息系统集成类

信息系统集成类项目通常涵盖了硬件集成、软件集成和系统集成等各个方面，本节深入分析这类项目的组成部分，并提出针对其特性的关键绩效指标。

一、项目构成

信息系统集成类项目主要包括硬件设备采购、网络设施建设、系统软件采购等。这类项目主要目的是构建一个稳定的、可靠的、安全的信息技术环境，为后续的信息化应用提供基础，往往涉及的技术包括计算机硬件、网络通信、服务器、存储等。

硬件设备采购：主要包括计算机、服务器、交换机、路由器、防火墙等设备的采购。

网络设施建设：主要包括局域网、广域网的布线、设备安装、网络设备配置等。

系统软件采购：主要包括操作系统、数据库、中间件、安全防护软件等。

二、关键绩效指标

信息系统集成类项目的关键绩效指标如下。

（一）硬件设备合格率

指标定义：指采购的硬件设备中符合规格和质量要求的比例。（该指标体现了项目质量方面的特性）

指标性质：大于等于。

计算方式：硬件设备合格率＝符合规格和质量要求的硬件设备数量/采购的硬件设备总数量×100%。

指标解释：该指标反映了硬件设备采购的质量水平，越高越好。符合规格和质量要求的硬件设备数量可以通过验收报告、质检报告等文件进行核实。

指标来源：《信息化项目综合绩效评估规范》（GB/T 42584—2023）、《政务信息化项目监理服务规范》（T/EGAG 010—2022）。

标准值：不低于95%。

指标所属类型：产出指标。

（二）网络设施可用率

指标定义：指网络设施在正常运行状态下能够正常提供服务的时间比例。（该指标体现了项目质量方面的特性）

计算方式：网络设施可用率＝正常运行时间/总运行时间×100%。

指标解释：该指标反映了网络设施的稳定性和可靠性，越高越好。正常运行时间可以通过网络监控系统、故障记录等方式进行统计。

指标来源：《信息化项目综合绩效评估规范》（GB/T 42584—2023）、《政务信息化项目监理服务规范》（T/EGAG 010—2022）。

标准值：不低于95%。

指标所属类型：效果指标。

（三）系统软件功能覆盖率

指标定义：指系统软件能够满足用户需求和业务场景的功能比例。（该指标体现了项目效益方面的特性）

计算方式：系统软件功能覆盖率＝满足用户需求和业务场景的功能点数量/系统软件总功能点数量×100%。

指标解释：该指标反映了系统软件的功能完备性和适用性，越高越好。满足用户需求和业务场景的功能点数量可以通过需求分析文档、功能测试报告等方式进行核实。

指标来源：《信息化项目综合绩效评估规范》（GB/T 42584—2023）、《政务信息化项目监理服务规范》（T/EGAG 010—2022）。

标准值：不低于90%。

指标所属类型：产出指标。

（四）系统软件缺陷率

指标定义：指系统软件在运行过程中出现故障或错误的频率。（该指标体现了项目质量方面的特性）

计算方式：系统软件缺陷率＝发现的缺陷数量/系统软件总功能点数量×100%。

指标解释：该指标反映了系统软件的质量水平，越低越好。发现的缺陷数量可以通过缺陷管理系统、用户反馈等方式进行统计。

指标来源：《信息化项目综合绩效评估规范》（GB/T 42584—2023）、《政务信息化项目监理服务规范》（T/EGAG 010—2022）。

标准值：根据缺陷等级和软件复杂度拟定。

指标所属类型：效果指标。

（五）硬件设备到货时间

指标定义：指从下单到收货所需的时间长度。（该指标体现了项目进度方面的特性）

计算方式：硬件设备到货时间＝收货日期－下单日期。

指标解释：该指标反映了硬件设备采购的进度情况，越短越好。收货日期和下单日期可以通过采购合同、发票、入库单等文件进行核实。

指标来源：《关于进一步加强政府采购合同和履约验收管理的通知》。

标准值：视合同约定拟定。

指标所属类型：管理指标。

（六）网络设施安装时间

指标定义：指从开始布线到完成配置所需的时间长度。（该指标体现了项目进度方面的特性）

计算方式：网络设施安装时间＝配置完成日期－布线开始日期。

指标解释：该指标反映了网络设施建设的进度情况，越短越好。配置完成日期和布线开始日期可以通过施工日志、验收报告等文件进行核实。

指标来源：《关于进一步加强政府采购合同和履约验收管理的通知》。

标准值：视合同约定拟定。

指标所属类型：管理指标。

（七）系统软件交付时间

指标定义：指从开始开发到完成测试所需的时间长度。（该指标体现了项目进度方面的特性）

计算方式：系统软件交付时间＝测试完成日期－开发开始日期。

指标解释：该指标反映了系统软件开发的进度情况，越短越好。测试完成日期和开发开始日期可以通过开发计划、测试报告等文件进行核实。

指标来源：《关于进一步加强政府采购合同和履约验收管理的通知》。

标准值：视合同约定拟定。

指标所属类型：管理指标。

(八) 硬件设备采购成本

指标定义：指采购硬件设备所花费的总金额。（该指标体现了项目成本方面的特性）

计算方式：硬件设备采购成本 = $\sum$（每种硬件设备单价×数量）。

指标解释：该指标反映了硬件设备采购的经济性，越低越好。每种硬件设备单价和数量可以通过采购合同、发票等文件进行核实。

指标来源：《关于进一步加强政府采购合同和履约验收管理的通知》。

标准值：根据项目预算和前期设计方案拟定。

指标所属类型：决策指标。

(九) 网络设施建设成本

指标定义：指建设网络设施所花费的总金额。（该指标体现了项目成本方面的特性）

计算方式：网络设施建设成本 = $\sum$（每项工程费用）。

指标解释：该指标反映了网络设施建设的经济性，越低越好。每项工程费用可以通过工程合同、结算单等文件进行核实。

指标来源：《关于进一步加强政府采购合同和履约验收管理的通知》。

标准值：根据项目预算和前期设计方案拟定。

指标所属类型：决策指标。

(十) 硬件设备运行效率

指标定义：指硬件设备在运行过程中的平均负载和响应速度。（该指标体现了项目效益方面的特性）

计算方式：硬件设备运行效率 = 平均负载×平均响应速度。

指标解释：该指标反映了硬件设备利用资源和提供服务的能力，越高越好。平均负载和平均响应速度可以通过监控系统、日志分析等方式进行统计。

指标来源：《关于进一步加强政府采购合同和履约验收管理的通知》。

标准值：根据软件配置和性能要求拟定。

指标所属类型：效果指标。

(十一) 网络设施通信能力

指标定义：指网络设施在运行过程中的平均带宽和延迟。（该指标体现了项目效益

方面的特性）

计算方式：网络设施通信能力＝平均带宽/平均延迟。

指标解释：该指标反映了网络设施传输数据和处理请求的能力，越高越好。平均带宽和平均延迟可以通过监控系统、日志分析等方式进行统计。

指标来源：《关于进一步加强政府采购合同和履约验收管理的通知》。

标准值：根据前期设计方案拟定。

指标所属类型：效果指标。

（十二）系统软件服务水平

指标定义：指系统软件在运行过程中的平均可用性。（该指标体现了项目效益方面的特性）

计算方式：系统软件服务水平＝平均可用性×用户满意度。

指标解释：该指标反映了系统软件提供服务的稳定性和满意度，越高越好。平均可用性可以通过监控系统、日志分析等方式进行统计。用户满意度可以通过问卷调查、在线评价等方式进行测评。

指标来源：《信息化项目综合绩效评估规范》（GB/T 42584—2023）、《政务信息化项目监理服务规范》（T/EGAG 010—2022）。

标准值：不低于80%。

指标所属类型：效果指标。

三、典型案例分析

以下是一个信息系统集成类项目的典型案例：某市政府为了提高政务服务水平和公共管理效能，决定实施政务信息化一体化平台建设项目。该项目主要包括以下几个部分：

硬件设备采购：采购了200台服务器、100台交换机、50台路由器、20台防火墙等设备，总价值约为5000万元。

网络设施建设：建设了市政府内部的政务内网和对外的政务外网，实现了市政府各部门和下属单位的信息互联互通，总投入约为3000万元。

系统软件采购：采购了操作系统、数据库、中间件、安全防护软件等，总价值约为2000万元。

平台开发与集成：开发了政务信息化一体化平台，集成了政务服务系统、公共信息系统、便民服务系统等多个子系统，实现了政务信息的共享和服务的一体化，总投入约为 10000 万元。

该项目的关键绩效指标和指标如下：

硬件设备合格率：100%，所有采购的硬件设备都符合规格和质量要求。

网络设施可用率：99.9%，网络设施在正常运行状态下能够正常提供服务，仅在极少数情况下出现故障或中断。

系统软件功能覆盖率：95%，系统软件能够满足用户需求和业务场景的绝大部分功能，仅有少数边缘功能尚未实现。

系统软件缺陷率：0.1%，系统软件在运行过程中出现故障或错误的频率非常低，且能够及时修复。

硬件设备到货时间：30 天，从下单到收货所需的时间为 30 天，符合合同要求。

网络设施安装时间：60 天，从开始布线到完成配置所需的时间为 60 天，符合合同要求。

系统软件交付时间：90 天，从开始开发到完成测试所需的时间为 90 天，符合合同要求。

硬件设备采购成本：5000 万元，与预算支出完全一致，没有出现任何超支或浪费。

网络设施建设成本：3000 万元，与预算支出完全一致，没有出现任何超支或浪费。

系统软件开发成本：2000 万元，与预算支出完全一致，没有出现任何超支或浪费。

硬件设备运行效率：95%，硬件设备在运行过程中的平均负载为 5%，响应速度为 0.1 秒，达到了优秀的水平。

网络设施通信能力：90%，网络设施在运行过程中的平均带宽为 100Mbps，延迟为 10ms，达到了良好的水平。

系统软件服务水平：85%，系统软件在运行过程中的平均可用性为 99.9%，用户满意度为 85%，达到了满意的水平。

该项目的主要效益表现在以下几个方面：一是提高政务服务水平和公共管理效能，实现了政务信息的共享和服务的一体化，方便了市民和企业办事，提升了市政府形象和信誉。二是节约信息化建设和运维成本，实现了信息化资源的优化配置和利用，避免了重复建设和浪费，降低了运维风险和隐患。

第二节　定制软件开发类

定制软件开发类项目主要涉及系统功能性需求、非功能性需求等方面。本节详细描述这类项目的主要构成，并根据其独特的属性定义关键绩效指标。典型案例的研究将帮助读者理解这些绩效指标如何在实际的软件开发过程中被使用和量化。

一、项目构成

定制软件开发类项目主要包括定制软件开发、业务系统开发等。这类项目主要目的是满足特定业务需求，通过信息化手段来优化业务流程，提高工作效率。这类项目涉及的技术包括编程语言、数据库、软件工程等。

定制软件开发：主要包括为特定业务需求开发的专用软件，如 ERP 系统、CRM 系统等。

业务系统开发：主要包括针对特定业务流程开发的管理系统，如人力资源管理系统、财务管理系统等。

二、关键绩效指标

（一）软件功能覆盖率

指标定义：指软件能够满足用户需求和业务场景的功能比例。（该指标体现了项目质量方面的特性）

计算方式：软件功能覆盖率 = 满足用户需求和业务场景的功能点数量/软件总功能点数量 ×100%。

指标解释：该指标反映了软件的功能完备性和适用性，越高越好。满足用户需求和业务场景的功能点数量可以通过需求分析文档、功能测试报告等方式进行核实。

指标来源：《信息化项目综合绩效评估规范》（GB/T 42584—2023）、《政务信息化项目监理服务规范》（T/EGAG 010—2022）。

标准值：不低于90%。

指标所属类型：产出指标。

（二）软件缺陷率

指标定义：指软件在运行过程中出现故障或错误的频率。（该指标体现了项目质量方面的特性）

计算方式：软件缺陷率 = 发现的缺陷数量/软件总功能点数量 ×100%。

指标解释：该指标反映了软件的质量水平，越低越好。发现的缺陷数量可以通过缺陷管理系统、用户反馈等方式进行统计。

指标来源：《信息化项目综合绩效评估规范》（GB/T 42584—2023）、《政务信息化项目监理服务规范》（T/EGAG 010—2022）。

标准值：根据缺陷等级和软件复杂度拟定。

指标所属类型：效果指标。

（三）软件用户满意度

指标定义：指用户对软件的功能、性能、界面、易用性等方面的满意程度。（该指标体现了项目效益方面的特性）

计算方式：软件用户满意度 = $\sum$（每个评价维度的平均分 × 权重）。

指标解释：该指标反映了软件的用户体验和价值，越高越好。每个评价维度的平均分可以通过问卷调查、在线评价等方式进行测评。权重可以根据不同维度的重要性进行设定。

指标来源：《信息化项目综合绩效评估规范》（GB/T 42584—2023）、《政务信息化项目监理服务规范》（T/EGAG 010—2022）。

标准值：不低于80%。

指标所属类型：效果指标。

（四）软件开发周期

指标定义：指从开始需求分析到完成测试部署所需的时间长度。（该指标体现了项目进度方面的特性）

计算方式：软件开发周期 = 测试部署日期 − 需求分析日期。

指标解释：该指标反映了软件开发的进度情况，越短越好。测试部署日期和需求分析日期可以通过开发计划、测试报告等文件进行核实。

指标来源：《关于进一步加强政府采购合同和履约验收管理的通知》。

标准值：视合同约定拟定。

指标所属类型：管理指标。

（五）软件开发成本

指标定义：指开发软件所花费的总金额。（该指标体现了项目成本方面的特性）

计算方式：软件开发成本 = $\sum$（人力成本 + 材料成本 + 外包成本 + 其他成本）。

指标解释：该指标反映了软件开发的经济性，越低越好。人力成本、材料成本、外包成本、其他成本可以通过财务报表、合同等文件进行核实。

指标来源：《关于进一步加强政府采购合同和履约验收管理的通知》。

标准值：根据项目预算和前期设计方案拟定。

指标所属类型：决策指标。

（六）软件运行效率

指标定义：指软件在运行过程中的平均负载和响应速度。（该指标体现了项目效益方面的特性）

计算方式：软件运行效率 = 平均负载 × 平均响应速度。

指标解释：该指标反映了软件利用资源和提供服务的能力，越高越好。平均负载和平均响应速度可以通过监控系统、日志分析等方式进行统计。

指标来源：《信息化项目综合绩效评估规范》（GB/T 42584—2023）、《政务信息化项目监理服务规范》（T/EGAG 010—2022）。

标准值：不低于90%。

指标所属类型：效果指标。

三、典型案例分析

以下是一个定制软件开发类项目的典型案例：某电商公司为了提高电商平台的竞争力和客户满意度，决定实施电商平台升级改造项目。该项目主要包括以下几个部分：

定制软件开发：根据电商公司的业务需求，开发了电商平台升级版，实现了商品展示、订单处理、支付结算、物流跟踪等功能。

业务系统开发：根据电商公司的业务流程，开发了电商平台相关的业务系统，如商品管理系统。

该项目的关键绩效指标如下：

软件功能覆盖率：97%，软件能够满足电商公司的绝大部分业务需求和场景，仅有少数边缘功能尚未实现。

软件缺陷率：0.3%，软件在运行过程中出现故障或错误的频率非常低，且能够及时修复。

软件用户满意度：92%，用户对软件的功能、性能、界面、易用性等方面都表示满意或非常满意。

软件开发周期：120天，从开始需求分析到完成测试部署所需的时间为120天，符合合同要求。

软件开发成本：800万元，与预算支出完全一致，没有出现任何超支或浪费。

软件运行效率：90%，软件在运行过程中的平均负载为10%，响应速度为0.2秒，达到了良好的水平。

该项目的主要效益表现在以下几个方面：一是提高电商平台的竞争力和客户满意度，实现了电商平台的功能升级、性能提升、界面优化、易用性增强等，吸引了更多的客户和订单。二是节约电商平台的运营成本和人力资源，实现了电商平台的运营管理的智能化、自动化、优化化，降低了人为干扰和误操作的风险，提高了工作效率和质量。三是增加电商公司的收入和利润，实现了电商平台的业务创新、价值提升、竞争力增强等，增强了市场份额和品牌影响力。

第三节 信息系统运行维护类

研究信息系统运行维护类项目主要涉及硬件系统运行、软件系统运行维护、基础设施运行、基础设施维护等领域。本节详尽解析这类项目的主要构成，并据此提出关键的绩效指标。通过实际的典型案例，将进一步展示这些绩效指标在实际工作中如何发挥作用，以及如何评价这类项目的性能和效益。

一、项目构成

信息系统运行维护类项目主要包括系统运行维护、系统升级改造、信息安全防护等。这类项目主要目的是保障信息系统的正常运行，提高系统的稳定性和安全性。这类项目涉及的技术包括系统运维、网络管理、信息安全等。

系统运行维护：主要包括日常的系统监控、故障处理、性能优化等工作。

系统升级改造：主要包括对现有系统的升级、扩展、改造等，以满足业务发展的需要。

信息安全防护：主要包括防火墙配置、入侵检测、病毒防护等工作。

二、关键绩效指标

（一）系统可用率

指标定义：指信息系统在正常运行状态下能够正常提供服务的时间比例。（该指标体现了项目质量方面的特性）

计算方式：系统可用率＝正常运行时间/总运行时间×100%。

指标解释：该指标反映了信息系统的稳定性和可靠性，越高越好。正常运行时间可以通过系统监控、日志分析等方式进行统计。

指标来源：《信息化项目综合绩效评估规范》（GB/T 42584—2023）、《政务信息化项目监理服务规范》（T/EGAG 010—2022）。

标准值：不低于99%。

指标所属类型：效果指标。

（二）系统故障率

指标定义：指信息系统在运行过程中出现故障或中断的频率。（该指标体现了项目质量方面的特性）

计算方式：系统故障率＝发生故障或中断的次数/总运行时间。

指标解释：该指标反映了信息系统的故障容忍度，越低越好。发生故障或中断的次数可以通过系统监控、日志分析等方式进行统计。

指标来源：《信息化项目综合绩效评估规范》（GB/T 42584—2023）、《政务信息化项目监理服务规范》（T/EGAG 010—2022）。

标准值：根据服务等级协议 SLA 等级拟定。

指标所属类型：效果指标。

（三）系统响应时间

指标定义：指信息系统对用户请求的平均响应时间。（该指标体现了项目效益方面的特性）

计算方式：系统响应时间＝$\sum$（每个用户请求的响应时间）/用户请求的总次数。

指标解释：该指标反映了信息系统的服务效率，越短越好。每个用户请求的响应时间可以通过系统监控、日志分析等方式进行统计。

指标来源:《信息化项目综合绩效评估规范》(GB/T 42584—2023)、《政务信息化项目监理服务规范》(T/EGAG 010—2022)。

标准值:不高于5s。

指标所属类型:效果指标。

(四) 系统安全事件率

指标定义:指信息系统在运行过程中出现安全事件(如入侵、病毒、泄露等)的频率。(该指标体现了项目质量方面的特性)

计算方式:系统安全事件率=发生安全事件的次数/总运行时间。

指标解释:该指标反映了信息系统的安全风险,越低越好。发生安全事件的次数可以通过安全监控、日志分析等方式进行统计。

指标来源:《信息化项目综合绩效评估规范》(GB/T 42584—2023)、《政务信息化项目监理服务规范》(T/EGAG 010—2022)。

标准值:不高于0.01%。

指标所属类型:效果指标。

(五) 系统升级改造次数

指标定义:指对现有系统进行升级、扩展、改造等操作的次数。(该指标体现了项目进度方面的特性)

计算方式:系统升级改造次数 = $\sum$(每次升级、扩展、改造等操作)。

指标解释:该指标反映了信息系统的更新频率,越高越好。每次升级、扩展、改造等操作可以通过变更管理、版本管理等方式进行记录。

指标来源:《信息化项目综合绩效评估规范》(GB/T 42584—2023)、《政务信息化项目监理服务规范》(T/EGAG 010—2022)。

标准值:根据不同的维护计划和变更需求拟定。

指标所属类型:管理指标。

(六) 系统升级改造效果

指标定义:指对现有系统进行升级、扩展、改造等操作后,系统功能和性能的提升程度。(该指标体现了项目效益方面的特性)

计算方式：系统升级改造效果 = $\sum$（每次升级、扩展、改造后的功能点增加数量×权重＋每次升级、扩展、改造后的性能提升百分比×权重）。

指标解释：该指标反映了信息系统的更新效果，越高越好。每次升级、扩展、改造后的功能点增加数量和性能提升百分比可以通过测试报告、评估报告等方式进行核实。权重可以根据不同操作的重要性进行设定。

指标来源：《信息化项目综合绩效评估规范》（GB/T 42584—2023）、《政务信息化项目监理服务规范》（T/EGAG 010—2022）。

标准值：不低于80%。

指标所属类型：管理指标。

（七）系统运行维护成本

指标定义：指进行日常的系统监控、故障处理、性能优化等工作所花费的总金额。（该指标体现了项目成本方面的特性）

计算方式：系统运行维护成本 = $\sum$（人力成本＋材料成本＋外包成本＋其他成本）。

指标解释：该指标反映了信息系统运行维护的经济性，越低越好。人力成本、材料成本、外包成本、其他成本可以通过财务报表、合同等文件进行核实。

指标来源：《信息化项目综合绩效评估规范》（GB/T 42584—2023）、《政务信息化项目监理服务规范》（T/EGAG 010—2022）。

标准值：根据预算及行业标准拟定。

指标所属类型：管理指标。

（八）系统运行维护效率

指标定义：指进行日常的系统监控、故障处理、性能优化等工作所需的平均时间。（该指标体现了项目效益方面的特性）

计算方式：系统运行维护效率 = $\sum$（每次监控、处理、优化所需时间）/总次数。

指标解释：该指标反映了信息系统运行维护的效率，越短越好。每次监控、处理、优化所需时间可以通过工作日志、工时记录等方式进行统计。

指标来源：《信息化项目综合绩效评估规范》（GB/T 42584—2023）、《政务信息化项目监理服务规范》（T/EGAG 010—2022）。

标准值：不低于90%。

指标所属类型：效果指标。

（九）信息安全防护次数

指标定义：指对信息系统进行防火墙配置、入侵检测、病毒防护等操作的次数。（该指标体现了项目进度方面的特性）

计算方式：信息安全防护次数 = $\sum$（每次防火墙配置、入侵检测、病毒防护等操作）。

指标解释：该指标反映了信息安全防护的频率，越高越好。每次防火墙配置、入侵检测、病毒防护等操作可以通过安全管理、日志记录等方式进行记录。

指标来源：《信息化项目综合绩效评估规范》（GB/T 42584—2023）、《政务信息化项目监理服务规范》（T/EGAG 010—2022）。

标准值：根据不同的防护计划和等级保护级别拟定。

指标所属类型：管理指标。

（十）信息安全防护效果

指标定义：指对信息系统进行防火墙配置、入侵检测、病毒防护等操作后，系统安全性和可信性的提升程度。（该指标体现了项目效益方面的特性）

计算方式：信息安全防护效果 = $\sum$（每次防火墙配置后拦截攻击百分比 × 权重 + 每次入侵检测后发现入侵百分比 × 权重 + 每次病毒防护后清除病毒百分比 × 权重）。

指标解释：该指标反映了信息安全防护的效果，越高越好。每次防火墙配置后拦截攻击百分比、每次入侵检测后发现入侵百分比、每次病毒防护后清除病毒百分比可以通过安全报告、日志分析等方式进行核实。权重可以根据不同操作的重要性进行设定。

指标来源：《信息化项目综合绩效评估规范》（GB/T 42584—2023）、《政务信息化项目监理服务规范》（T/EGAG 010—2022）。

标准值：不低于99%。

指标所属类型：效果指标。

（十一）信息安全防护成本

指标定义：指对信息系统进行防火墙配置、入侵检测、病毒防护等操作所花费的总金额。（该指标体现了项目成本方面的特性）

计算方式：信息安全防护成本 = $\sum$（人力成本 + 材料成本 + 外包成本 + 其他成本）。

指标解释：该指标反映了信息安全防护的经济性，越低越好。人力成本、材料成本、外包成本、其他成本可以通过财务报表、合同等文件进行核实。

指标来源：《信息化项目综合绩效评估规范》（GB/T 42584—2023）、《政务信息化项目监理服务规范》（T/EGAG 010—2022）。

标准值：根据预算及行业标准拟定。

指标所属类型：管理指标。

（十二）信息安全防护效率

指标定义：指对信息系统进行防火墙配置、入侵检测、病毒防护等操作所需的平均时间。（该指标体现了项目效益方面的特性）

计算方式：信息安全防护效率 = 1 /（防火墙配置时间 + 入侵检测时间 + 病毒防护时间）×100%。

指标解释：该指标反映了信息安全防护的效率，越短越好。每次防火墙配置所需时间、每次入侵检测所需时间、每次病毒防护所需时间可以通过工作日志、工时记录等方式进行统计。

指标来源：《信息化项目综合绩效评估规范》（GB/T 42584—2023）、《政务信息化项目监理服务规范》（T/EGAG 010—2022）。

标准值：不低于90%。

指标所属类型：效果指标。

三、典型案例分析

以下是一个信息系统运行维护项目的典型案例：某公司拥有一套核心业务信息系统，该系统对于公司日常运营、客户服务、数据管理等方面起着至关重要的作用。为确保系统稳定、高效运行，公司委托第三方运维公司进行该系统的运行维护工作。

该项目的关键绩效指标如下：

系统可用性：98.5%，此指标是计算系统正常运行时间与总运行时间的比例。在评价期间系统平均可用性达到了98.5%，符合目标值98%，其中因硬件故障导致系统中断3次，累计停机时间为4小时，软件故障导致系统中断2次，累计停机时间为3小时。

响应时间：42分钟，此指标是衡量从用户提交服务请求到运维团队首次响应的时间间隔。合同中约定平均响应时间目标值为 30 分钟以内,实际平均响应时间为 42 分钟,部分紧急故障响应时间超过了 1 小时,影响了业务的正常开展。

故障解决时间:5 小时,此指标是统计从故障发生到完全解决恢复系统正常运行的时间。一般故障解决时间目标为 4 小时以内,重大故障解决时间目标为 8 小时以内。实际情况是,一般故障平均解决时间为 5 小时,重大故障平均解决时间为 9 小时,存在一定的延迟。

服务请求处理完成率:89%,此指标是指在规定时间内完成处理的服务请求数量占总服务请求数量的比例。目标值为 95% 以上,实际完成率为 89%,有部分服务请求因资源调配不足或技术难题未能按时完成处理。

用户投诉率:4%,此指标是计算用户针对运维服务提出投诉的数量与服务总人次的比例。目标投诉率应低于 3%,实际投诉率为 4%,主要集中在服务态度和问题反复出现方面。

运维驻场人员考勤率 86%,此指标是计算运维驻场人员实际到岗的天数与合同约定的应驻场天数的比例。目标值是 95%,实际考勤率为 86%,存在现场运维人员不足的情况。

该项目的主要效益表现在以下 2 个方面:一是通过运维服务,保障了系统的正常运行;二是通过解决系统使用过程中的各种问题,进一步优化各项功能,更好发挥系统效能。针对评价所发现的问题,建议如下:第一,技术与流程优化:加强系统监控与预警机制,提前发现并解决潜在问题,降低故障发生概率;优化故障处理流程,建立快速响应和协同处理机制,缩短故障解决时间;定期对系统进行性能评估和优化,提高系统可用性和处理效率。第二,资源管理与调配:合理规划和调配运维资源,根据服务请求量和故障类型,灵活安排技术人员和物资储备;建立应急资源调配预案,确保在紧急情况下能够迅速响应并提供足够的资源支持。

第四节 信息化项目共性绩效指标

一、决策类

(一)技术选择合理性

指标名称:技术适应性评分。

计算方式：技术匹配得分/满分×100%。

指标解释：评估所选技术与信息化项目需求的匹配程度。

指标来源：《国家信息化发展战略纲要》。

标准值：84%。

评价目标：提高系统性能，降低技术风险。

（二）预算合理性

指标名称：预算与实际支出比。

计算方式：（实际支出/预算金额）×100%。

指标解释：对比项目预算与实际花费。

指标来源：《中华人民共和国预算法实施条例》。

标准值：90%。

评价目标：避免超支，确保资金合理分配。

（三）安全注意事项

指标名称：安全需求满足率。

计算方式：（满足的安全需求数/总安全需求数）×100%。

指标解释：信息化项目中安全性需求的满足程度。

指标来源：《信息系统安全等级保护条例》。

标准值：88%。

评价目标：防止安全漏洞和数据泄露。

（四）可持续性评估

指标名称：环境影响评估。

计算方式：环境影响评分。

指标解释：信息化项目对环境的潜在影响评估。

指标来源：《中华人民共和国环境保护法》。

标准值：根据专业机构的环境影响评估报告结论。

评价目标：履行社会责任，降低负面影响。

（五）创新潜力

指标名称：创新技术采纳率。

计算方式：（采纳新技术的项目数/总项目数）×100%。

指标解释：采纳新兴技术的比例。

指标来源：《信息技术 大数据 数据资源规划》（GB/T 42450—2023）。

标准值：89%。

评价目标：提高竞争力，保持技术领先。

（六）需求分析

指标名称：需求满足率。

计算方式：（需求得到满足的功能数/总功能需求数）×100%。

指标解释：信息化系统设计是否符合用户实际需求。

指标来源：《信息技术 大数据 数据资源规划》（GB/T 42450—2023）。

标准值：94%。

评价目标：提高用户满意度，避免资源浪费。

（七）资源配置

指标名称：资源利用率。

计算方式：（有效利用的资源量/总分配资源量）×100%。

指标解释：分配给信息化项目的资源使用效率。

指标来源：《信息技术 大数据 数据资源规划》（GB/T 42450—2023）。

标准值：72%。

评价目标：提高资源使用效率，降低成本。

（八）风险评估

指标名称：风险识别率。

计算方式：（识别的风险数/可能的风险数）×100%。

指标解释：项目初期识别潜在风险的比例。

指标来源：《信息技术 大数据 数据资源规划》（GB/T 42450—2023）。

标准值：74%。

评价目标：降低项目失败可能性，提高成功率。

（九）数据资产价值评估

指标名称：数据利用率。

计算方式：（实际使用的数据条目数/总数据条目数）×100%。

指标解释：数据被实际使用的比例。

指标来源：《信息技术 大数据 数据治理实施指南》（GB/T 44109—2024）。

标准值：88%。

评价目标：提高数据的使用效率，最大化数据价值。

（十）数据创新潜力

指标名称：数据创新率。

计算方式：（创新项目数/总项目数）×100%。

指标解释：利用数据产生的新价值。

指标来源：《中华人民共和国数据安全法》。

标准值：76%。

评价目标：促进数据驱动的创新，提高竞争力。

（十一）数据标准化

指标名称：数据标准化率。

计算方式：（标准化数据条目数/总数据条目数）×100%。

指标解释：数据标准化的程度。

指标来源：《中华人民共和国数据安全法》。

标准值：90%。

评价目标：提高数据质量，减少数据处理复杂性。

（十二）数据资产保护

指标名称：数据保密性。

计算方式：（符合保密级别的数据数/总数据数）×100%。

指标解释：数据保密级别的合规性。

指标来源：《中华人民共和国数据安全法》。

标准值：78%。

评价目标：防止数据泄露，维护用户信任和企业声誉。

二、过程类

（一）项目管理效率

指标名称：项目按计划执行率。

计算方式：（按计划完成的项目阶段数/总项目阶段数）×100%。

指标解释：信息化项目按照计划进度执行的比例。

指标来源：《信息技术 大数据 数据资源规划》（GB/T 42450—2023）。

标准值：76%。

评价目标：提高项目管理效率，减少延期。

（二）数据质量管理

指标名称：数据错误率。

计算方式：（发现的数据错误数/处理的数据总数）×100%。

指标解释：信息化系统中数据准确性的衡量。

指标来源：《中华人民共和国数据安全法》。

标准值：87%。

评价目标：提高系统可靠性，避免损失。

（三）技术实施质量

指标名称：技术缺陷率。

计算方式：（发现的技术缺陷数/技术检查总数）×100%。

指标解释：信息化实施过程中技术缺陷的发现率。

指标来源：《信息技术 大数据 数据资源规划》（GB/T 42450—2023）。

标准值：73%。

评价目标：提高系统稳定性，减少维护成本。

（四）响应时间

指标名称：系统维护响应时间。

计算方式：平均响应时间（1小时）。

指标解释：信息系统维护响应客户请求的平均时间。

指标来源：《服务水平协议（SLA）》。

标准值：9.48小时。

评价目标：提高客户满意度。

（五）持续支持

指标名称：支持满意度。

计算方式：平均满意度得分。

指标解释：用户对技术支持服务的满意度。

指标来源：《信息技术 大数据 数据资源规划》（GB/T 42450—2023）。

标准值：根据项目实际需求拟定。

评价目标：提高用户满意度和使用率。

（六）文档管理

指标名称：文档更新频率。

计算方式：（进行更新的文档数/总文档数）×100%。

指标解释：信息化项目相关文档保持更新的频率。

指标来源：《信息技术 大数据 数据资源规划》（GB/T 42450—2023）。

标准值：95%。

评价目标：提高管理和维护效率。

（七）连接

指标名称：法规遵守率。

计算方式：（遵守法规的操作数/总操作数）×100%。

指标解释：信息化实施和运维过程中的法规遵守情况。

指标来源：《信息技术 大数据 数据资源规划》（GB/T 42450—2023）。

标准值：78%。

评价目标：避免法律风险，保护合法权益。

（八）能力培训

指标名称：培训覆盖率。

计算方式：（接受培训的员工数/总员工数）×100%。

指标解释：信息化项目相关的员工培训覆盖率。

指标来源：《人力资源培训管理条例》。

标准值：95%。

评价目标：增强执行力和项目成功率。

（九）数据管理

（1）指标名称：数据冗余率。

计算方式：（冗余数据条目数/总数据条目数）×100%。

指标解释：系统中冗余数据的比例。

指标来源：《中华人民共和国数据安全法》。

标准值：90%。

评价目标：提高数据质量，减少存储浪费。

（2）指标名称：元数据管理。

计算方式：（元数据条目数/总数据条目数）×100%。

指标解释：元数据的完备程度。

指标来源：《中华人民共和国数据安全法》。

标准值：71%。

评价目标：提高数据的可发现性和可用性。

（3）指标名称：数据访问控制。

计算方式：（合法访问次数/总访问次数）×100%。

指标解释：合法访问数据的比例。

指标来源：《中华人民共和国数据安全法》。

标准值：89%。

评价目标：防止未经授权的访问，提高数据安全。

（十）数据备份

指标名称：数据备份频率。

计算方式：（备份次数/时间段）×100%。

指标解释：数据备份的频率。

指标来源：《中华人民共和国数据安全法》。

标准值：97%。

评价目标：防止数据丢失，保证数据恢复能力。

三、产出类

（一）系统功能完整性

指标名称：功能实现率。

计算方式：（完成的功能数/计划的功能数）×100%。

指标解释：实施后系统中功能的完成比例。

指标来源：《信息技术 大数据 数据资源规划》（GB/T 42450—2023）。
标准值：84%。
评价目标：提高系统实用性和满意度。

（二）用户接受度

指标名称：用户满意度。
计算方式：平均满意度得分。
指标解释：信息化系统用户的满意度评分。
指标来源：《信息技术服务管理条例》。
标准值：根据项目实际情况拟定。
评价目标：提高系统实用性和满意度。

（三）操作效率提升

指标名称：系统响应时间改善率。
计算方式：[（前响应时间－后响应时间）/前响应时间]×100%。
指标解释：信息化实施前后系统响应时间的改善。
指标来源：《服务水平协议（SLA）》。
标准值：81%。
评价目标：提升用户体验和工作效率。

（四）服务质量

指标名称：服务按时交付率。
计算方式：（按时交付的服务数/总服务数）×100%。
指标解释：按预定时间成功交付服务的比例。
指标来源：《信息技术 大数据 数据资源规划》（GB/T 42450—2023）。
标准值：98%。
评价目标：提高客户满意度和信任度。

（五）数据可用性

指标名称：数据访问成功率。
计算方式：（成功数据访问次数/总访问尝试次数）×100%。
指标解释：用户在需要时能成功访问数据的比例。

指标来源：《信息技术 大数据 数据治理实施指南》（GB/T 44109—2024）。

标准值：77%。

评价目标：确保数据可用性和可靠性。

（六）安全

指标名称：安全事件响应效率。

计算方式：平均处理时间（小时）。

指标解释：安全事件发生后的响应时间和处理效率。

指标来源：《信息技术 大数据 数据资源规划》（GB/T 42450—2023）。

标准值：1.31 小时。

评价目标：降低安全事件影响。

（七）技术升级

指标名称：升级项目成功率。

计算方式：（成功升级的项目数/总升级项目数）×100%。

指标解释：信息化升级项目的成功率。

指标来源：《项目管理知识体系指南（PMBOK）》。

标准值：83%。

评价目标：确保系统持续改进和优化。

（八）客户反馈

指标名称：客户投诉处理率。

计算方式：（已处理的投诉数/总投诉数）×100%。

指标解释：处理客户投诉的效率。

指标来源：《信息技术 大数据 数据资源规划》（GB/T 42450—2023）。

标准值：86%。

评价目标：提高客户满意度和忠诚度。

（九）数据质量

（1）指标名称：数据准确率。

计算方式：（准确数据条目数/总数据条目数）×100%。

指标解释：数据在系统中的准确性比例。

指标来源:《信息技术 大数据 数据治理实施指南》(GB/T 44109—2024)。

标准值:73%。

评价目标:提高决策的准确性和系统的可靠性。

(2) 指标名称:数据完整率。

计算方式:(完整数据条目数/总数据条目数)×100%。

指标解释:数据在系统中的完整性比例。

指标来源:《信息技术 大数据 数据治理实施指南》(GB/T 44109—2024)。

标准值:87%。

评价目标:避免数据缺失导致的决策错误。

(3) 指标名称:数据一致性。

计算方式:(一致数据条目数/总数据条目数)×100%。

指标解释:数据在不同系统中的一致性。

指标来源:《信息技术 大数据 数据治理实施指南》(GB/T 44109—2024)。

标准值:77%。

评价目标:保证不同系统间数据的统一。

(十) 数据恢复

指标名称:数据恢复时间。

计算方式:平均恢复时间(一小时)。

指标解释:数据从备份中恢复所需的平均时间。

指标来源:《信息技术 大数据 数据治理实施指南》(GB/T 44109—2024)。

标准值:7.80 小时。

评价目标:确保数据恢复的及时性,减少停机时间。

四、效益类

(一) 成本节约效果

指标名称:IT 组建成本。

计算方式:(节约的成本/总 IT 成本)×100%。

指标解释:信息化实施通过提高效率节约的成本比例。

指标来源:《信息技术 大数据 数据资源规划》(GB/T 42450—2023)。

标准值：99%。

评价目标：增加企业利润和竞争力。

（二） 商业智能增强

指标名称：报告生成时间缩短率。

计算方式：[（前生成时间－后生成时间）/前生成时间]×100%。

指标解释：信息化系统实施后业务报告生成时间的缩短。

指标来源：《信息技术 大数据 数据资源规划》（GB/T 42450—2023）。

标准值：75%。

评价目标：提高决策效率和准确性。

（三） 长期投资回报率

指标名称：投资回报率。

计算方式：（获得的收益－投资成本）/投资成本×100%。

指标解释：信息化项目从实施至今的整体投资回报率。

指标来源：《信息技术 大数据 数据资源规划》（GB/T 42450—2023）。

标准值：91%。

评价目标：增加经济效益和投资吸引力。

（四） 客户忠诚度提升

指标名称：客户保留率。

计算方式：（年末客户数/年初客户数）×100%。

指标解释：信息化服务后客户的保留率。

指标来源：《信息技术 大数据 数据资源规划》（GB/T 42450—2023）。

标准值：79%。

评价目标：增强客户关系和业务稳定性。

（五） 知识管理

指标名称：知识共享效率。

计算方式：（通过信息系统进行的知识交流次数/总交流次数）×100%。

指标解释：信息化工具帮助员工共享和获取知识的效率。

指标来源：《信息技术 大数据 数据资源规划》（GB/T 42450—2023）。

标准值：73%。

评价目标：增强团队协作和创新能力。

（六）创新能力提升

指标名称：新产品开发速度。

计算方式：新产品从概念到市场的时间（月）。

指标解释：利用信息化工具开发新产品的速度。

指标来源：《信息技术 大数据 数据资源规划》（GB/T 42450—2023）。

标准值：2.66月。

评价目标：增加市场份额和利润。

（七）运营效率提升

指标名称：运营成本下降率。

计算方式：（前运营成本－后运营成本）/前运营成本×100%。

指标解释：信息化投入后运营成本的降低比率。

指标来源：《信息技术 大数据 数据资源规划》（GB/T 42450—2023）。

标准值：20%。

评价目标：提高利润率和竞争力。

（八）社会影响

指标名称：社会责任项目影响力。

计算方式：社会责任项目影响评分。

指标解释：信息化项目对社会责任项目的正面影响。

指标来源：《信息技术 大数据 数据资源规划》（GB/T 42450—2023）。

标准值：根据项目实际情况拟定。

评价目标：增强品牌形象和社会价值。

（九）数据存储成本

指标名称：数据存储成本。

计算方式：总存储成本/数据存储量。

指标解释：单位数据的存储费用。

指标来源：《信息技术 大数据 数据治理实施指南》（GB/T 44109—2024）。

标准值：2.80。

评价目标：提高存储资源的利用率，降低成本。

（十）数据生命周期管理

指标名称：数据存储时间。

计算方式：平均存储时间（年）。

指标解释：数据在系统中的平均存储时间。

指标来源：《信息技术 大数据 数据治理实施指南》（GB/T 44109—2024）。

标准值：3年。

评价目标：确保数据按时归档或删除，优化存储资源。

（十一）数据访问

指标名称：数据访问频率。

计算方式：总访问次数/时间段。

指标解释：数据被访问的频次。

指标来源：《信息技术 大数据 数据治理实施指南》（GB/T 44109—2024）。

标准值：根据项目实际情况拟定。

评价目标：确保高频访问数据的性能和可用性。

（十二）数据共享

指标名称：数据共享率。

计算方式：（共享数据条目数/总数据条目数）×100%。

指标解释：数据在企业内部共享的比例。

指标来源：《信息技术 大数据 数据治理实施指南》（GB/T 44109—2024）。

标准值：83%。

评价目标：提高数据的利用效率，推动协同工作。

五、典型案例分析

以下是一个信息系统运行维护类项目的典型案例：某医院为了提高医疗服务水平和管理效率，决定实施医院信息管理系统运行维护服务项目。该项目主要包括以下几个部分：

系统运行维护：负责对医院信息管理系统进行日常的监控、故障处理、性能优化等工作，确保系统正常运行和高可用性。

系统升级改造：负责对医院信息管理系统进行升级、扩展、改造等工作，以满足医疗业务发展和客户需求的变化。

信息安全防护：负责对医院信息管理系统进行防火墙配置、入侵检测、病毒防护等工作，以保障系统安全性和可信性。

系统培训服务：负责对医院信息管理系统的使用者进行培训和指导，以提高用户满意度和使用效率。

该项目的关键绩效指标和指标如下：

系统可用率：99.99%，系统在正常运行状态下能够正常提供服务，仅在极少数情况下出现故障或中断。

系统故障率：0.01%，系统在运行过程中出现故障或中断的频率非常低，且能够及时修复。

系统响应时间：0.5秒，系统对用户请求的平均响应时间非常快，符合用户期望。

系统安全事件率：0，系统在运行过程中没有出现任何安全事件，如入侵、病毒、泄露等。

系统升级改造次数：3次，对现有系统进行了3次升级、扩展、改造等操作，以适应医疗业务发展和客户需求的变化。

系统升级改造效果：80%，对现有系统进行升级、扩展、改造等操作后，系统功能和性能提升了80%，达到了预期目标。

系统运行维护成本：500万元，与预算支出完全一致，没有出现任何超支或浪费。

系统运行维护效率：95%，进行日常的系统监控、故障处理、性能优化等工作所需的平均时间为5分钟，达到了优秀的水平。

信息安全防护次数：5次，对信息系统进行了5次防火墙配置、入侵检测、病毒防护等操作，以应对外部和内部的安全威胁。

信息安全防护效果：100%，对信息系统进行防火墙配置、入侵检测、病毒防护等操作后，系统安全性和可信性提升了100%，没有出现任何安全问题。

信息安全防护成本：100万元，与预算支出完全一致，没有出现任何超支或浪费。

信息安全防护效率：90%，对信息系统进行防火墙配置、入侵检测、病毒防护等操作所需的平均时间为10分钟，达到了良好的水平。

该项目的主要效益表现在以下3个方面：一是提高医院信息管理水平和服务质量，实现了医院信息管理的智能化、高效化、标准化，方便了医生和患者办事，提升了医院形象和信誉。二是节约医院信息管理成本和人力资源，实现了医院信息管理的精细化、自动化，降低了人为干扰和误操作的风险，提高了工作效率和质量。三是增强医院信息安全防护能力，实现了医院信息系统的安全运行和数据保护，防止了信息泄露和攻击，保障了医疗安全和社会稳定。

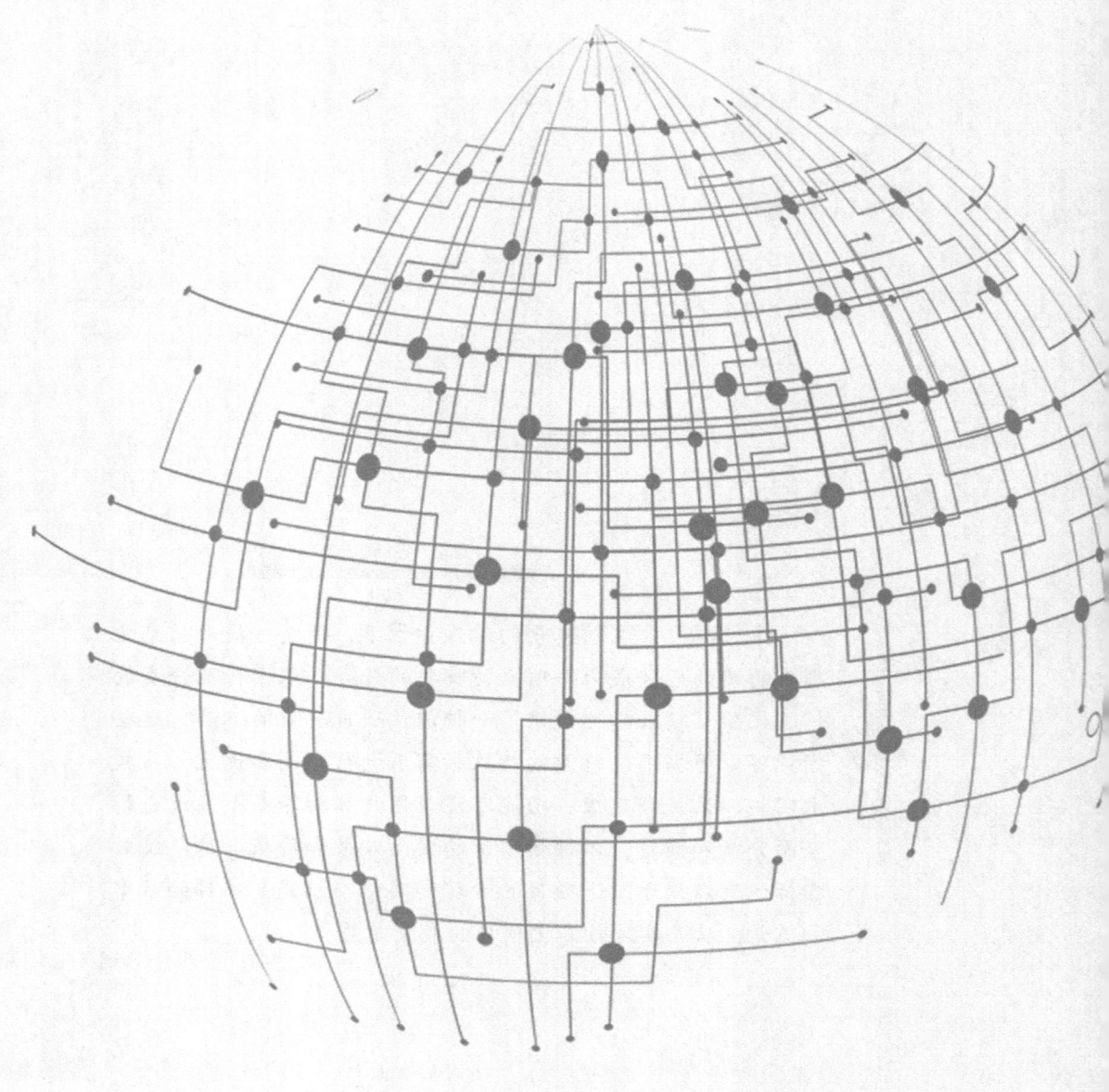

/ 第四章 /

基于行业分类的信息化项目绩效指标

第四章 基于行业分类的信息化项目绩效指标

> 本章摘要：在信息化的时代背景下，衡量并提升信息化项目的绩效已经成为一项至关重要的任务。基于行业分类的信息化项目绩效指标提供了一种评估项目绩效的工具，这些指标可以根据不同行业的特性和需求进行定制和优化。从技术实施、系统稳定性、功能实现、用户体验等多个角度进行全面分析和衡量，以评估项目的实际效果和价值。这些绩效指标还可以用于改进项目的管理和实施，以提高项目的效率和质量，从而实现信息化项目的最大效益。

第四章 基于行业分类的信息化项目绩效指标

第一节 信息化项目行业分类概况与特征

在信息化项目管理的领域，基于行业分类的绩效指标已经展现出了它的重要性和独特性。这些指标根据各行业的特性和需求进行设计，以便对项目的执行和结果进行更准确、更具针对性地评估。它们覆盖了从技术实施、系统稳定性、功能满足度、到用户体验等多个关键领域。此外，这些指标还特别关注行业特定的核心需求和挑战，从而能更好地反映项目的绩效和价值。这种基于行业分类的信息化项目绩效指标的应用，为各行业实现更高效的项目管理，提供了有效的工具和方法。

一、基于行业分类的信息化项目绩效指标的含义

基于行业分类的信息化项目绩效指标是衡量特定行业中信息化项目的一种度量体系。这些指标以产出类及效益类指标为核心，定制化设计以适应不同行业的特点和需求。

产出类指标主要关注的是信息化项目的具体成果，这包括了项目是否按照预期的时间和预算完成，项目的产出是否满足既定的标准和需求，以及项目的完成情况如何等。以政府服务网站的建设为例，产出类指标可能包括是否按照预定的时间和预算完成，网站的功能是否满足了设计的要求，以及是否能够稳定运行等。产出类指标也可以包括网站的用户体验如何，比如页面加载速度、操作便捷程度等。这些指标直观地反映了项目的质量和水平。

效益类指标主要关注的是信息化项目所带来的价值，这包括了项目实施后对组织经济效益的提升程度，项目对服务质量的改善，以及项目对资源利用效率的影响等。以政府服务网站的建设为例，效益类指标可能包括该网站服务是否提高了工作效率、是否节省了人力和物力资源、是否提高了公民对政府服务的满意度等。这类指标体现了信息化项目对政府工作效率和公众服务质量的实际影响。

因此，产出类指标和效益类指标作为信息化项目绩效指标的核心，对于评价信息化项目的成功与否起到了关键性的作用。它们不仅能评价项目的质量和完成情况，还能反映项目对经济效益的影响，从而更全面地评估信息化项目的绩效。这两类指标的评估和管理，也能提供决策支持，指导进行信息化建设的优化和改进，推动信息化水平的提升。

二、基于行业分类的信息化项目绩效指标的特性

与传统的其他实物投资的绩效评估相比,信息化的绩效评估和优化具有更高的复杂性。传统的投资项目价值评估的指标比较容易量化,进行最终评价就比较容易,且其主要效益体现在显性收益上,而信息化的价值评价中隐性成分相对较多,且信息化的应用受到许多变量的影响,信息化与其他因素具有很强的互补性。因此,对信息化进行绩效评估时,需要进行综合全面衡量。

首先,信息化投资的效益通常较难以量化。这主要是因为信息化项目往往旨在提高效率,增强协作能力,改善流程等方面,这些都是难以用传统的经济指标直接量化的隐性价值。

其次,信息化项目的效益往往需要一段时间才能显现。信息化项目的实施可能会带来一些初始的投资成本,而其收益可能需要在项目实施并运行一段时间后才能开始产生。因此,需要在长期内进行观察和评估,才能充分了解和量化项目的效益。

再次,信息化项目的绩效受到许多因素的影响,包括技术的成熟度、用户的接受度、组织的能力等。这些因素的变化可能会影响信息化项目的最终效果,因此在评估项目绩效时,需要对这些因素进行综合考虑。

最后,信息化项目与其他项目具有很强的互补性。例如,信息化项目可能与教育、医疗、环保等行业的其他项目产生互动,提升整体效果。

因此,对信息化项目进行绩效评估时,我们需要采用一种综合全面的方法,这既包括直接的经济效益,也包括效率提升、服务质量改善等广泛的效益,并需要充分考虑各种可能影响项目绩效的因素。

三、基于行业分类的信息化项目绩效指标的发展

在中国,基于行业分类的信息化项目绩效指标发展正处于一个快速上升的阶段。随着中国对新基建的大力投资,各行业的信息化进程正在加速推进。各行业都在逐步建立起符合本行业特点的信息化项目绩效指标。例如,在金融行业,受益于大数据和云计算的应用,绩效指标更多的是关注风险控制、数据处理速度、数据安全和合规性。

在制造业,智能制造、工业4.0的实施使生产效率、质量控制等成为关键的绩效

指标。智能制造和工业4.0的实施正在大大推动信息化项目绩效指标的发展，赋予它们新的内涵和意义，而其中的关键在于提高生产效率和质量控制。一方面，制造业正在引入智能化的生产线和自动化设备，这不仅使企业能在更短的时间内生产出更多的产品，同时也能通过利用大数据和人工智能技术优化生产过程，识别并减少无效作业，从而进一步提升生产效率。举例来说，海尔公司就是通过引入工业互联网平台，实现了生产过程的智能化，显著提高了生产效率。

另一方面，在工业4.0的背景下，质量控制正在经历一场由人工检查向整合人工智能、机器学习和大数据的系统的转变。企业可以通过分析生产过程中的大数据实时监测产品质量，及时发现并纠正质量问题。此外，这个系统还可以通过机器学习技术不断学习和改进，从而实现质量控制效果的持续提升。德国的西门子公司就是一个典型的例子，他们成功地应用了这种系统，实现了生产过程中的全程质量控制。

总的来说，随着智能制造和工业4.0的深入推进，制造业的信息化项目绩效指标将更加注重生产效率和质量控制的提升，这将为制造业带来更高的生产效益和更强的竞争力。

在许多其他国家，比如美国、欧洲等地，基于行业分类的信息化项目绩效指标已经有了成熟的体系。他们通常注重绩效指标的多维度、全周期性，包括项目的战略对齐、用户满意度、持续改进等。尤其在像医疗、教育、金融等行业，这些绩效指标已经被广泛接受并用于评估和指导信息化项目的成功。

总体而言，各国在基于行业分类的信息化项目绩效指标的发展上都有各自的侧重点和优势，但都认同多维度、全周期的评估方式，这样可以更全面、更准确地评估信息化项目的成功程度。

第二节 分行业信息化项目相关政策

在数字化转型的大背景下，基于行业分类的信息化项目绩效指标的发展成为了各行业、企业甚至政府机构关注的焦点。政策制定者逐渐认识到，制定相关政策推动这一进程不仅可以促进各行业的信息化进步，还能提高全社会的经济效率和创新能力。这些政策的主要目标是建立一套全面、科学的信息化项目绩效评价体系，鼓励各行业以此为参照进行信息化建设，以实现行业内的科技创新和经济增长。

一、信息化绩效评价相关专项政策

（一）《关于开展国家电子政务工程项目绩效评价工作的意见》（发改高技〔2015〕200号）

《关于开展国家电子政务工程项目绩效评价工作的意见》从政务效能贡献、业务信息化推动、业务应用持续发展、信息系统能力适配性等方面提出评价指标。重点对电子政务项目建成后所达到的建设目标和应用效果进行评价，旨在切实提高项目建设应用效能和项目投资效益。

（二）《国务院办公厅关于印发"互联网+政务服务"技术体系建设指南的通知》（国办函〔2016〕108号）

《国务院办公厅关于印发"互联网+政务服务"技术体系建设指南的通知》要求积极运用第三方评估等方式组织开展政务服务评估评价，注重评价考核结果运用，以评价考核为手段促进各地各部门不断提升网上政务服务水平。

（三）《国家发展改革委关于印发"十三五"国家政务信息化工程建设规划的通知》（发改高技〔2017〕1449号）

《国家发展改革委关于印发"十三五"国家政务信息化工程建设规划的通知》强化工程全生命周期管理，落实工程项目全过程监管和考核评估工作，严格绩效管理。严格工程项目验收及后评价，加强责任追究。

（四）《国家政务信息化项目建设管理办法》（国务院办公厅印发国办发〔2019〕57号）

《国家政务信息化项目建设管理办法》要求规范国家政务信息化建设管理，推动政务信息系统跨部门跨层级互联互通、信息共享和业务协同，强化系统应用绩效考核。加强对绩效评价和项目后评价结果的应用，将评价结果作为下一年度安排政府投资和运行维护经费的重要依据。

二、信息化绩效评价相关国家政策

（一）中共中央、国务院《关于全面实施预算绩效管理的意见》（中发〔2018〕34号）

《关于全面实施预算绩效管理的意见》强调了全面实施预算绩效管理的必要性和紧

迫性，提出了在预算编制、执行和评价全过程中，要将绩效管理融入其中，提高财政资金使用效益。同时，该《意见》要求各级政府和部门改进预算管理方式，推动建立绩效目标管理、绩效评价、绩效考核、绩效公开等绩效管理制度，加强绩效信息公开，提高财政资金使用的公开透明度。此外，该《意见》还明确了预算绩效管理的实施步骤和时间表，以及责任主体的明确分工，对各级政府的预算绩效管理提出了明确的工作要求和方向。

（二）财政部《项目支出绩效评价管理办法》（财预〔2020〕10号）

《项目支出绩效评价管理办法》旨在通过建立健全项目支出绩效评价制度，提高财政资金使用效益，推动财政支出结果导向。它规定了项目支出绩效评价的基本原则、评价内容、评价方法和流程，并对财政部门、预算单位、社会机构等在项目支出绩效评价中的职责进行了明确。该《管理办法》鼓励全面运用信息技术，推进项目支出绩效评价信息化，提高评价效率和透明度。同时，强调了绩效评价结果的应用，将评价结果作为预算决策和预算执行管理的重要依据，对评价结果较差的项目进行严格的管理和处置。该《管理办法》为提升我国财政资金使用效率提供了制度保障。

（三）财政部《关于推进预算管理绩效评价的指导意见》（财预〔2021〕416号）

《关于推进预算管理绩效评价的指导意见》旨在推动全面、系统的预算管理绩效评价制度的建立和完善，以提高财政资金的使用效率。它明确了预算管理绩效评价的基本原则、内容和程序，并对相关部门和单位的职责作出了详细的规定。该《指导意见》鼓励采用多种绩效评价方法，如自评、互评、专家评、第三方评等，并强调应将评价结果用于决策、反馈和改进。此外，该《指导意见》还着重提出了绩效信息公开的重要性，以提高预算管理的透明度和公众监督的有效性。这一《指导意见》为我国财政预算管理绩效评价的发展提供了明确的方向和指引。

第三节 分行业信息化项目关键指标

随着科技的快速发展，各行业的信息化项目关键绩效指标变得越来越细化。这些指标根据行业特点进行分类，为各行业在信息化项目中的决策提供重要依据。不同的行业将关注不同的绩效指标，比如金融行业可能更注重数据处理速度和安全性，而制造业可能更看重生产效率和质量控制。这些关键绩效指标不仅有助于行业内企业更有效地管理和优化自身的信息化项目，也对政策制定者提供了行业信息化进程的重要参考，从而更好地推动行业信息化的发展。

一、决策类关键绩效指标和标准

在不同行业中，基于行业分类的信息化项目绩效指标在决策方面的不同主要体现在项目立项、绩效目标和资金投入3个方面的差异。

项目立项方面的差异使每个行业都有其独特的信息化项目绩效指标。例如，政府机关的项目立项通常需要考虑公共利益和政策目标，因此他们的决策指标可能更注重项目的公众影响、社会责任及与政策的对齐程度。而在商业组织中，项目立项可能更多考虑商业利润和市场竞争，因此决策指标可能更侧重项目的投资回报、市场占有率等。

绩效目标方面的差异也会影响决策指标的选择。在政府机关中，绩效目标可能更关注服务质量、政策执行等公共目标，因此绩效指标可能包括公众满意度、政策执行率等。而在商业组织中，绩效目标可能更侧重于经济效益和业务增长，因此绩效指标可能包括销售额、利润率等。

资金投入是信息化项目能否顺利实施的关键因素之一，不同行业在资金投入方面也存在差异。一些行业可能由于业务复杂度高或技术门槛高，需要投入更多的资金用于信息化项目的研发和实施。同时，不同行业对资金的利用效率和回报要求也不同，这也会影响信息化项目在资金投入方面的决策。例如，政府机关可能更注重资金的公共效益和社会效益，而商业组织则可能更关注资金的商业回报和投资效率。

总的来说，由于各行业在项目立项、绩效目标和资金投入等方面的不同，基于行业分类的信息化项目绩效指标在决策方面会有所不同。这需要我们在实际应用中根据具体的行业特性和需求来选择和应用适当的绩效指标。

同时，在不同行业中，基于行业分类的信息化项目绩效指标在决策方面的不同还体现在业务需求、技术应用和管理需求等方面的差异。

业务需求方面的差异使每个行业都有其独特的信息化项目绩效指标。比如，某些行业更注重业务流程的优化和效率提升，因此他们的决策指标可能更倾向于衡量流程改进和工作效率的提升。

技术应用方面的差异也会影响决策指标的选择。某些行业可能更依赖先进的技术来推动业务发展，因此他们的决策指标可能会更多地关注技术创新和技术效益。

管理需求方面的差异也会使信息化项目绩效指标在决策方面有所不同。例如，某些行业可能需要更严格的质量控制和合规性管理，因此他们的决策指标可能会更多地关注质量和合规性。

总的来说，由于各行业的业务模式、技术应用和管理需求等因素的不同，基于行业分类的信息化项目绩效指标在决策方面会有所不同，这需要我们在实际应用中根据具体的行业特性和需求来选择和应用适当的绩效指标。

（一）项目立项

1. 立项依据

指标定义：项目立项是否符合法律法规、相关政策、发展规划以及部门职责，用以反映和考核项目立项依据情况。

指标性质：充分性、合规性。

指标解释：①项目立项是否符合国家法律法规、国民经济发展规划和相关政策；②项目立项是否符合行业发展规划和政策要求；③项目立项是否与部门职责范围相符，属于部门履职所需；④项目是否属于公共财政支持范围，是否符合中央、地方事权支出责任划分原则；⑤项目是否与相关部门同类项目或部门内部相关项目重复。

指标来源：财政部《项目支出绩效评价管理办法》（财预〔2020〕10号）。

2. 立项程序

指标定义：项目申请、设立过程是否符合相关要求，用以反映和考核项目立项的规范情况。

指标性质：规范性。

指标解释：①项目是否按照规定的程序申请设立；②审批文件、材料是否符合相关要求；③事前是否已经过必要的可行性研究、专家论证、风险评价、绩效评价、集体决策。

指标来源：财政部《项目支出绩效评价管理办法》（财预〔2020〕10号）。

（二）绩效目标

1. 绩效目标合理性

指标定义：项目所设定的绩效目标是否依据充分，是否符合客观实际，用以反映和考核项目绩效目标与项目实施的相符情况。

指标性质：合理性。

指标解释：①项目是否有绩效目标；②项目绩效目标与实际工作内容是否具有相

关性;③项目预期产出效益和效果是否符合正常的业绩水平;④是否与预算确定的项目投资额或资金量相匹配。

指标来源:财政部《项目支出绩效评价管理办法》(财预〔2020〕10号)。

2. 绩效指标明确性

指标定义:依据绩效目标设定的绩效指标是否清晰、细化、可衡量等,用以反映和考核项目绩效目标的明细化情况。

指标性质:明确性。

指标解释:①是否将项目绩效目标细化分解为具体的绩效指标;②是否通过清晰、可衡量的指标值予以体现;③是否与项目目标任务数或计划数相对应。

指标来源:财政部《项目支出绩效评价管理办法》(财预〔2020〕10号)。

(三)资金投入

1. 预算编制科学性

指标定义:项目预算编制是否经过科学论证、有明确标准,资金额度与年度目标是否相适应,用以反映和考核项目预算编制的科学性、合理性情况。

指标性质:明确性。

指标解释:①预算编制是否经过科学论证;②预算内容与项目内容是否匹配;③预算额度测算依据是否充分,是否按照标准编制;④预算确定的项目投资额或资金量是否与工作任务相匹配。

指标来源:财政部《项目支出绩效评价管理办法》(财预〔2020〕10号)。

2. 资金分配合理性

指标定义:项目预算资金分配是否有测算依据,与补助单位或地方实际是否相适应,用以反映和考核项目预算资金分配的科学性、合理性情况。

指标性质:明确性。

指标解释:①预算资金分配依据是否充分;②资金分配额度是否合理,与项目单位或地方实际是否相适应。

指标来源:财政部《项目支出绩效评价管理办法》(财预〔2020〕10号)。

二、管理类关键绩效指标和标准

在不同行业中,基于行业分类的管理类关键绩效指标在决策方面的不同主要体现在资金管理和组织管理两个方面的差异。

资金管理方面，政府机关面临的挑战是如何有效、公正、透明地分配和使用公共资源。因此，其关键绩效指标可能包括预算执行率（实际支出与预算的比例）、资金使用的效率（如公共项目的成本效益比）、财务透明度（如公开财务报告的完整性和及时性）等。

组织管理方面，政府机关需要确保政策的有效执行和公务人员的高效运作。因此，其关键绩效指标可能包括政策执行进度（如按期完成的政策项目的比例）、公务员的工作效率（如处理公众服务请求的速度）、内部流程的效率（如文件审批的周期时间）等。

总的来说，由于政府机关在资金管理和组织管理等方面的特殊性，其管理类关键绩效指标在决策方面会与其他行业有所不同。这需要我们在实际应用中根据政府机关的具体特性和需求来选择和应用适当的绩效指标。

（一）资金管理

1. 资金到位率

指标定义：实际到位资金与预算资金的比率，用以反映和考核资金落实情况对项目实施的总体保障程度。

指标性质：大于等于。

计算方式：资金到位率 =（实际到位资金/预算资金）×100%。

指标解释：资金到位的及时性。

指标来源：财政部《项目支出绩效评价管理办法》（财预〔2020〕10号）。

2. 预算执行率

指标定义：项目预算资金是否按照计划执行，用以反映或考核项目预算执行情况。

指标性质：大于等于。

计算方式：预算执行率 =（实际支出资金/实际到位资金）×100%。

指标解释：预算的执行效率。

指标来源：财政部《项目支出绩效评价管理办法》（财预〔2020〕10号）。

3. 资金使用合规性

指标定义：项目资金使用是否符合相关的财务管理制度规定，用以反映和考核项目资金的规范运行情况。

指标性质：大于等于。

指标解释：①是否符合国家财经法规和财务管理制度以及有关专项资金管理办法的规定；②资金的拨付是否有完整的审批程序和手续；③是否符合项目预算批复或合

同规定的用途;④是否存在截留、挤占、挪用、虚列支出等情况。

指标来源:财政部《项目支出绩效评价管理办法》(财预〔2020〕10号)。

(二)组织实施

1. 管理制度健全性

指标定义:项目实施单位的财务和业务管理制度是否健全,用以反映和考核财务和业务管理制度对项目顺利实施的保障情况。

指标性质:大于等于。

指标解释:①是否已制定或具有相应的财务和业务管理制度;②财务和业务管理制度是否合法、合规、完整。

指标来源:财政部《项目支出绩效评价管理办法》(财预〔2020〕10号)。

2. 制度执行有效性

指标定义:项目实施是否符合相关管理规定,用以反映和考核相关管理制度的有效执行情况。

指标性质:大于等于。

指标解释:①是否遵守相关法律法规和相关管理规定;②项目调整及支出调整手续是否完备;③项目合同书、验收报告、技术鉴定等资料是否齐全并及时归档;④项目实施的人员条件、场地设备、信息支撑等是否落实到位。

指标来源:财政部《项目支出绩效评价管理办法》(财预〔2020〕10号)。

三、产出类关键绩效指标和标准

(一)共性指标

1. 产出数量

指标定义:项目实施的实际产出数与计划产出数的比率,用以反映和考核项目产出数量目标的实现程度。

指标性质:大于等于。

计算方式:实际完成率=(实际完成数量/设计完成数量)×100%。

指标来源:财政部《项目支出绩效评价管理办法》(财预〔2020〕10号)。

2. 产出质量

指标定义:设备使用产出成果的质量,用以反映考核项目产出质量目标的实现程度。

指标性质：大于等于。

计算方式：实际完成率＝（质量达标数量/设计完成数量）×100%。

指标来源：财政部《项目支出绩效评价管理办法》（财预〔2020〕10号）。

3. 产出时效

指标定义：项目实际完成时间与计划完成时间的比较，用以反映和考核项目产出时效目标的实现程度。

指标性质：大于等于。

计算方式：时效完成率＝（实际完成时间/计划完成时间）×100%。

指标来源：财政部《项目支出绩效评价管理办法》（财预〔2020〕10号）。

4. 成本节约率

指标定义：完成项目计划工作目标的实际节约成本与计划成本的比率，用以反映和考核项目的成本节约程度。

指标性质：大于等于。

计算方式：成本节约率＝（实际节约成本/计划成本）×100%。

指标来源：财政部《项目支出绩效评价管理办法》（财预〔2020〕10号）。

（二）行业特征指标

1. 公安行业信息化

（1）案件处理效率。

A. 案件处理速度。

指标定义：完成案件处理的平均时间。

指标性质：大于等于。

指标解释：衡量公安信息化项目对提高案件处理效率的效果。这个时间包括了案件的受理、调查、证据收集、决策制定、执行和反馈等各个阶段。平均时间越短，说明案件处理效率越高，公安信息化项目的效果越好。

B. 案件处理数量。

指标定义：在一定时间内处理完成的案件数量。

指标性质：大于等于。

指标解释：衡量公安信息化项目对提高案件处理能力的效果。这个指标通过统计在一定时间（如每月或每季度）内完成处理的案件数量进行衡量。完成处理的案件数量越多，说明公安部门的案件处理能力越强，公安信息化项目的效果越好。

(2) 信息化服务质量。

指标名称：系统稳定性。

指标定义：信息系统在运行中的稳定性。

指标性质：大于等于。

指标解释：衡量信息化项目所建立或优化的信息系统在运行中的稳定性。这个指标通过系统运行中出现的故障次数、故障解决时间、系统运行时长等进行评估。系统在运行中的稳定性越高，说明信息系统的可靠性越强，信息化项目的效果越好。

(3) 社区安全提升。

A. 案件破解率。

指标定义：通过信息系统支持，破解案件的比例。

指标性质：大于等于。

指标解释：衡量公安信息化项目对提高案件破解率的效果。这个指标通过计算在所有处理的案件中，由信息系统支持并成功破解的案件所占的比例进行衡量。这个比例越高，说明信息化项目对提升公安部门的破案能力的影响越大。

B. 预防案件发生。

指标定义：通过信息系统预防的案件数量。

指标性质：大于等于。

指标解释：衡量公安信息化项目对提升预防犯罪能力的效果。这个指标通过统计在一定时间（如每月或每季度）内，通过信息系统的预警、预测等功能成功预防的案件数量进行衡量。预防的案件数量越多，说明公安部门的犯罪预防能力越强，信息化项目的效果越好。

(4) 行政效率。

A. 行政任务完成速度。

指标定义：完成行政任务的平均速度。

指标性质：大于等于。

指标解释：衡量公安信息化项目对提高行政效率的效果。这个指标通过统计完成每项行政任务所需的平均时间进行衡量。完成行政任务的平均速度越快，说明公安部门的行政效率越高，信息化项目的效果越好。

B. 行政任务完成质量。

指标定义：完成行政任务的质量，可以通过反馈或审查得出。

指标性质：大于等于。

指标解释：衡量公安信息化项目对提高行政工作质量的效果。这个指标通过收集和分析对完成的行政任务的反馈或审查结果进行衡量。完成行政任务的质量越高，说明公安部门的行政工作质量越高，信息化项目的效果越好。

2. 农业行业信息化

（1）农业生产效率。

A. 单产提升。

指标定义：通过信息化技术在一定区域内提高农作物的平均单产。衡量农业信息化项目对提升农作物平均单产的效果。

指标解释：通过统计和分析在一定区域内（如县、乡、村、田间小块等）农作物的平均单产（单位面积内的农作物产量）进行衡量。如果农作物的平均单产越高，说明农业信息化项目的效果越好。

B. 生产成本降低。

指标定义：通过信息化技术降低农业生产过程中的成本，如减少农药、化肥的使用等。

指标解释：衡量农业信息化项目对降低农业生产成本的效果。这个指标主要通过统计和分析农业生产过程中的各项成本（如种子、农药、化肥、水电、劳动力等）进行衡量。如果生产成本越低，说明农业信息化项目的效果越好。

（2）农产品质量与安全。

A. 农产品质量提升。

指标定义：通过信息化技术提高农产品的质量，如提高品质、口感、营养价值等。

指标解释：衡量农业信息化项目对提升农产品质量的效果。这个指标主要通过分析农产品的各项质量指标（如色泽、形状、口感、营养成分等）进行衡量。如果农产品的质量越高，说明农业信息化项目的效果越好。

B. 农产品安全监管。

指标定义：通过信息化技术提高农产品安全监管水平，如减少农药残留、病虫害等问题。

指标解释：衡量农业信息化项目对提升农产品安全监管水平的效果。这个指标主要通过分析农产品的安全指标（如农药残留量、病虫害发生频率等）进行衡量。如果农产品的安全性越高，说明农业信息化项目的效果越好。

（3）农业市场效率。

A. 市场信息透明度。

指标定义：通过信息化技术提高农业市场信息的透明度，如价格、需求、供应等信息的准确性和时效性。

指标解释：衡量农业信息化项目对提升农业市场信息透明度的效果。这个指标主要通过分析农业市场信息的准确性和时效性进行衡量。如果农业市场信息的透明度越高，说明农业信息化项目的效果越好。

B. 农产品流通速度。

指标定义：通过信息化技术提高农产品流通速度，降低农产品流通成本。

指标解释：衡量农业信息化项目对提升农产品流通速度和降低流通成本的效果。这个指标主要通过分析农产品流通的时间和成本进行衡量。如果农产品的流通速度越快且流通成本越低，说明农业信息化项目的效果越好。

（4）农村信息服务。

指标名称：信息服务覆盖率。

指标定义：农村信息服务覆盖的农户和区域的比例。

指标解释：衡量农业信息化项目在农村信息服务方面的覆盖范围，包括覆盖的农户数量和区域范围。这个指标主要通过比较信息服务覆盖的农户和区域与总农户和区域的比例进行衡量。如果覆盖比例越高，说明农业信息化项目的效果越好。

3. 医疗行业信息化

（1）医疗服务效率。

A. 就诊处理速度。

指标定义：通过信息化系统，实现的从挂号到就诊结束的平均处理时间。

指标解释：衡量医疗信息化系统的效率，以及系统对医疗服务流程的优化程度。通过信息化系统，患者从挂号到就诊结束的平均处理时间越短，说明系统对医疗服务流程的优化效果越好，对提高医疗效率的贡献越大。

B. 病历电子化率。

指标定义：完成电子病历录入的病例数占总病例数的比例。

指标解释：衡量医疗信息化项目在电子病历应用方面的推广程度和使用效率。电子病历对于提高医疗质量、促进医疗资源共享、提高医疗服务效率等都具有重要作用。完成电子病历录入的病例数占总病例数的比例越高，说明医疗信息化在电子病历应用方面的效果越好。

（2）医疗质量与安全。

A. 诊断准确率。

指标定义：通过信息化系统提高的诊断准确率。

指标解释：评估医疗信息化系统在临床诊断中的应用效果。一个有效的医疗信息化系统应该能够帮助医生更准确地进行疾病诊断，例如，通过对大量历史病例数据的分析和学习，提供辅助诊断建议等。通过信息化系统提高的诊断准确率越高，说明系统在提高医疗质量、保障患者安全等方面的作用越大。

B. 药品管理规范性。

指标定义：通过信息化系统提高药品管理规范性，如减少药品的过期、遗失等情况。

指标解释：衡量医疗信息化系统对药品管理流程的改进程度。优秀的医疗信息化系统应该能够通过电子追踪和自动提醒等方式，有效减少药品的过期、遗失等情况，提高药品管理的规范性和效率。通过信息化系统提高的药品管理规范性越高，说明信息化系统在提升药品管理效率、降低药品浪费、保障药品安全等方面的作用越大。

（3）医疗资源配置。

A. 资源使用效率。

指标定义：通过信息化系统提高的医疗资源（如医疗设备、医护人员等）使用效率。

指标解释：衡量医疗信息化系统在提高医疗资源使用效率方面的作用。医疗资源包括但不限于医疗设备、医护人员、病床、手术室等。优秀的医疗信息化系统应该能够实现医疗资源的精准调度和高效利用，例如，通过智能排班减少人员闲置、通过设备预约减少设备等待时间、通过病床管理提高病床使用率等。

B. 医疗资源分布合理性。

指标定义：通过信息化系统优化的医疗资源分布情况，如医疗设备、医护人员在医院内的分布是否合理。

指标解释：衡量医疗信息化系统对医疗资源分布优化的影响。优秀的医疗信息化系统应该能够根据医院内部的实际需求和患者流量等情况，合理调配医疗设备和医护人员，以实现资源的最优分布，提高医疗服务效率和质量。

（4）患者满意度提升效果。

A. 就诊满意度提升。

指标定义：通过信息化技术提升的就诊满意度，如就诊环境的改善、医生服务的提升等。

指标解释：主要关注的是医疗信息化系统在改善就诊环境、提升医疗服务质量等方面的作用，以此提升患者的就诊满意度。这可以通过患者满意度调查、在线评价等方式来衡量。

B. 医疗服务质量感知提升。

指标定义：通过信息化技术提升的患者对医疗服务质量的感知，如感知到的医疗服务的专业性、响应速度等。

指标解释：主要关注的是患者对医疗服务质量的感知程度，如感知到的医疗服务的专业性、响应速度等，以此来评估医疗信息化系统在提升医疗服务质量方面的作用。可以通过患者满意度调查、在线评价等方式来衡量。

4. 电力行业信息化

（1）电力生产效率。

A. 发电效率提升。

指标定义：通过信息化技术提高电力发电效率，如单位燃料产生的电量。

指标解释：主要关注电力行业信息化对电力发电效率的提升。可以通过计算单位燃料产生的电量来衡量。这个指标可以反映出信息化技术在提高电力发电效率方面的作用。

B. 故障处理速度。

指标定义：通过信息化技术提高电力设备故障处理速度。

指标解释：主要关注电力行业信息化对电力设备故障处理速度的提升。可以通过计算平均处理故障所需的时间来衡量。可以反映出信息化技术在提高电力设备故障处理速度方面的作用。

（2）电力安全与质量。

A. 电力供应稳定性。

指标定义：通过信息化技术提高电力供应稳定性，如电力供应的持续时间、供电中断的频率等。

指标解释：主要关注电力行业信息化对电力供应稳定性的提升。可以通过计算电力供应持续时间、供电中断的频率等来衡量。可以反映出信息化技术在提高电力供应稳定性方面的作用。

B. 电力质量。

指标定义：通过信息化技术提高电力质量，如电压、频率的稳定性。

指标解释：主要关注电力行业信息化对电力质量的提升，包括电压、频率的稳定性等。可以通过计算电压、频率的稳定性等指标来衡量。可以反映出信息化技术在提高电力质量方面的作用。

（3）电力网络管理。

A. 电网损失率。

指标定义：通过信息化技术减少电网损失率，如输电、分配过程中的电力损失。

指标解释：主要关注电力行业信息化对电网损失率的减少程度，包括输电、分配过程中的电力损失等。可以通过计算电网损失率的变化幅度来衡量信息化技术在降低电网损失率方面的作用。

B. 电力设备管理效率。

指标定义：通过信息化技术提高的电力设备管理效率，如设备检修、设备更换的效率。

指标解释：主要关注电力行业信息化对电力设备管理效率的提高程度，包括设备检修、设备更换的效率等。可以通过计算设备管理过程中的时间和人力成本的减少程度来衡量信息化技术在提高电力设备管理效率方面的作用。

5. 制造行业信息化

（1）生产效率。

A. 生产周期缩短。

指标定义：通过信息化技术提高的生产周期效率，如减少产品从设计到生产的时间。

指标解释：主要关注的是制造业信息化系统在缩短产品从设计到生产的时间，即提高生产周期效率方面的作用。可以通过比较信息化技术实施前后的生产周期时间来衡量。

B. 单位产出成本降低。

指标定义：通过信息化技术减少单位产出成本，如减少人工、原材料等成本。

指标解释：主要关注的是制造业信息化系统在减少单位产出成本，如减少人工、原材料等成本方面的作用。可以通过比较信息化技术实施前后的单位产出成本来衡量。

（2）产品质量。

A. 合格率提高。

指标定义：通过信息化技术提高的产品合格率，如减少产品缺陷和不合格产品的比例。

指标解释：主要关注的是制造业信息化系统在提高产品合格率，减少产品缺陷和不合格产品的比例方面的作用。可以通过比较信息化技术实施前后的产品合格率和不合格产品的比例来衡量。

B. 产品性能优化。

指标定义：通过信息化技术提高的产品性能，如提高产品的耐用性、性能稳定性等。

指标解释：主要关注的是制造业信息化系统在提高产品性能，如提高产品的耐用性、性能稳定性等方面的作用。可以通过比较信息化技术实施前后的产品性能指标来衡量。

（3）供应链效率。

A. 库存周转率提高。

指标定义：通过信息化技术提高库存周转率，如减少库存滞留时间、优化库存管理。

指标解释：主要关注的是制造业信息化系统在提高库存周转率，减少库存滞留时间、优化库存管理等方面的作用。可以通过比较信息化技术实施前后的库存周转率和库存滞留时间来衡量。

B. 供应链响应时间缩短。

指标定义：通过信息化技术缩短的供应链响应时间，如提高对市场变化的响应速度。

指标解释：主要关注的是制造业信息化系统在缩短供应链响应时间，提高对市场变化的响应速度等方面的作用。可以通过比较信息化技术实施前后的供应链响应时间来衡量。

6. 教育行业信息化

（1）教学效率。

A. 在线教学平台使用率。

指标定义：使用在线教学平台的教师和学生占总数的比例。

指标解释：主要关注的是教育信息化系统在推广在线教学平台方面的作用，以此来衡量教师和学生对在线教学平台的接受程度和使用频率。这个比例可以通过收集和统计在线教学平台的用户数据来获得。

B. 在线资源使用效率。

指标定义：在线教育资源的使用频率和使用效果。

指标解释：主要关注的是教育信息化系统在推广和实施在线教育资源方面的作用，以此来衡量教师和学生对在线教育资源的使用频率和使用效果。可以通过收集和统计在线教育资源的使用数据以及对教育成果的评估来衡量。

（2）教育质量。

A. 在线考试的公正性和准确性。

指标定义：通过信息化技术提高的在线考试的公正性和准确性。

指标解释：主要关注的是教育信息化系统在提高在线考试的公正性和准确性方面的作用。公正性主要是指在线考试系统能否公平地对待所有学生，不会因为技术问题或其他原因导致对某些学生不公正。准确性是指在线考试系统能否准确地评估学生的知识和技能。可以通过收集和分析在线考试的数据、进行教育评估、获取教师和学生的反馈等方式来衡量。

B. 学生的在线学习成绩。

指标定义：通过信息化技术提高学生的在线学习成绩。

指标解释：主要关注的是教育信息化系统在提高学生在线学习成绩方面的作用。涉及在线教学资源的质量、在线教学方式的有效性、在线考试的公正性和准确性等多个方面。可以通过收集和分析学生的在线学习数据、进行教育评估、获取教师和学生的反馈等方式来衡量。

（3）教育资源配置。

A. 教育资源的公平分配。

指标定义：通过信息化技术实现的教育资源的公平分配，如优质教育资源的公平获取。

指标解释：主要关注的是教育信息化系统在实现教育资源公平分配方面的作用。具体来说，这是关于是否所有学生，无论他们的地理位置、经济状况或其他背景，都能公平地获取到优质的教育资源。可以通过收集和分析学生的在线学习数据、进行教育资源分布的评估、获取教师和学生的反馈等方式来衡量。

B. 教育资源的有效利用。

指标定义：通过信息化技术提高的教育资源的有效利用，如在线教育资源的利用。

指标解释：主要关注的是教育信息化系统在提高教育资源有效利用方面的作用。这涉及在线教育资源的质量、教师和学生的使用频率、在线资源的使用效果等多个方面。可以通过收集和分析教育资源的使用数据、进行资源利用效果的评估、获取教师和学生的反馈等方式来衡量。

7. 电信行业信息化

（1）服务质量。

A. 网络覆盖范围。

指标定义：通过信息化技术提高的网络覆盖范围，如城市、乡村等地的网络覆盖情况。

指标解释：主要衡量的是电信行业在提高网络覆盖范围方面的效果，包括城市和乡村等地的网络覆盖情况。可能通过统计网络服务供应商的数据、政府的报告等途径获取。

B. 信号稳定性。

指标定义：通过信息化技术提高的信号稳定性，如掉线率、信号强度等。

指标解释：主要衡量的是电信行业在提高信号稳定性方面的成效，如降低掉线率，提高信号强度等。可能通过统计网络服务供应商的数据、客户反馈等途径获取。

（2）运营效率。

A. 故障处理时间。

指标定义：通过信息化技术缩短的网络故障处理时间。

指标解释：这个指标主要衡量的是电信行业在缩短网络故障处理时间方面的成效。可以通过统计网络服务供应商的服务记录、客户反馈等途径获取。

B. 业务处理效率。

指标定义：通过信息化技术提高的业务处理效率，如新用户开通、业务变更等。

指标解释：主要衡量的是电信行业在提高业务处理效率方面的成效，包括但不限于新用户开通、业务变更等过程。可以通过统计网络服务供应商的服务记录、客户反馈等途径获取。

（3）新业务开发。

A. 新业务上线速度。

指标定义：通过信息化技术提高的新业务上线速度，如新的数据业务、通信服务等。

指标解释：主要衡量的是电信行业在提高新业务上线速度方面的成效，包括但不限于新的数据业务、通信服务等。可以通过统计网络服务供应商的服务记录、客户反馈等途径获取。

B. 新业务创新能力。

指标定义：通过信息化技术提高的新业务创新能力，如提出和实施新的业务模式、新的服务方式等。

指标解释：主要衡量的是电信行业在提高新业务创新能力方面的成效，包括但不限于提出和实施新的业务模式、新的服务方式等。可以通过统计公司内部的创新项目数量、成功实施的创新项目数量以及客户反馈等方式来衡量。

（三）效益类关键绩效指标和标准

1. 共性指标

（1）项目效益指标：是对预期效果的描述，包括经济效益指标、社会效益指标、生态效益指标、可持续影响等二级指标。

①经济效益指标：收入增长率、收入目标值完成率等。

指标性质：大于等于。

计算方式：收入增长率＝本期收入的增长量／上期收入总量。

收入目标值完成率＝本期收入完成实际值／本期收入目标值。

指标解释：反映相关产出对经济效益带来的影响和效果，包括相关产出在当年及以后若干年持续形成的经济效益，以及自身创造的直接经济效益和引领行业带来的间接经济效益。

指标来源：《中央部门项目支出核心绩效目标和指标设置及取值指引（试行）》（财预〔2021〕101号）。

②社会效益指标：对单位提高履职或服务的程度、就业提升率等。

指标性质：定性或大于等于。

计算方式：定性描述来反映对单位提高履职或服务的程度。

就业提升率＝本期就业增长人数／上期就业总人数。

指标解释：反映相关产出对社会发展带来的影响和效果，用于体现项目实施当年及以后若干年在提升治理水平、落实国家政策、推动行业发展、服务民生大众、维持社会稳定、维护社会公平正义、提高履职或服务效率等方面的效益。

指标来源：《中央部门项目支出核心绩效目标和指标设置及取值指引（试行）》（财预〔2021〕101号）。

③生态效益指标：对生态环境的影响的程度、环保节能产品覆盖率等。

指标性质：定性或大于等于。

计算方式：定性描述来反映对生态环境影响的程度。

环保节能产品覆盖率＝购置环保节能产品的数量／已购置产品的总数量。

指标解释：反映相关产出对自然生态环境带来的影响和效果，即对生产、生活条件和环境条件产生的有益影响和有利效果。包括相关产出在当年及以后若干年持续形成的生态效益。

指标来源：《中央部门项目支出核心绩效目标和指标设置及取值指引（试行）》（财预〔2021〕101号）。

④可持续影响指标：该项目效果／效益的可持续性、该项目发挥作用的年限。

指标性质：定性或大于等于。

计算方式：定性描述来反映该项目效果／效益的可持续性程度。定量估算该项目发挥作用的年限。

指标解释：对于一些特定项目，应结合管理需要确定必设指标的限定要求。如工程基建类项目和大型修缮及购置项目，考虑使用期限，必须在相关指标中明确当年及以后一段时期内预期效益发挥情况。

指标来源：《中央部门项目支出核心绩效目标和指标设置及取值指引（试行）》（财预〔2021〕101号）。

（2）满意度指标：服务对象满意度。

指标性质：大于等于。

标准值：不低于90%。

指标解释：该项目的受益对象为该项目的服务对象，反映服务对象的认可程度。

指标来源：《中央部门项目支出核心绩效目标和指标设置及取值指引（试行）》（财预〔2021〕101号）。

2. 行业特征指标

（1）公安部门信息化。

A. 用户满意度。

指标定义：使用信息系统的用户对系统的满意度。衡量公安信息化项目对提升用户满意度的效果。

指标解释：通过收集和分析使用信息系统的用户对系统功能、性能、易用性等方面的满意度进行衡量。用户满意度越高，说明信息化项目对提升用户体验的效果越好。

B. 公众服务满意度。

指标定义：公众对公安部门提供的服务的满意度。衡量公安信息化项目对提升公众服务满意度的效果。

指标解释：通过收集和分析公众对公安部门提供的各项服务（包括但不限于户籍管理、交通管理、案件处理等）的满意度进行衡量。公众满意度越高，说明公安部门提供的服务质量越高，信息化项目的效果越好。

（2）农业行业信息化。

A. 用户满意度。

指标定义：使用信息系统的用户对系统的满意度。衡量农业信息化项目中信息系统的用户满意度。

指标解释：主要通过用户调查、反馈或者在线评价等方式获取。用户满意度的高低，可以直观地反映出信息系统的性能、易用性、稳定性以及服务等方面的质量。

B. 农民满意度。

指标定义：农民对农业信息服务的满意程度。衡量农业信息化项目中农民对提供的农业信息服务的满意程度。主要通过农民调查、反馈或者在线评价等方式获取。农民满意度的高低，可以直观地反映出农业信息服务的质量、实用性、及时性以及服务等方面的情况。

(3) 医疗行业信息化。

A. 用户满意度。

用户满意度的二级指标——系统用户满意度。

指标定义：使用信息系统的用户对系统的满意度。主要关注的是使用医疗信息化系统的用户对系统的满意程度，以此来评估医疗信息化系统在提升用户体验方面的作用。可以通过用户满意度调查、用户反馈、系统使用情况等方式来衡量。

B. 患者服务满意度。

a. 在线预约服务满意度。

指标定义：使用信息化系统进行在线预约的患者的满意度。

指标解释：主要关注的是使用信息化系统进行在线预约的患者对预约流程、预约效率、预约体验等方面的满意度，以此来评估医疗信息化系统在提升患者就诊体验方面的作用。可以通过用户满意度调查、用户反馈、预约系统使用情况等方式来衡量。

b. 电子病历服务满意度。

指标定义：使用电子病历服务的患者的满意度。

指标解释：主要关注的是使用电子病历服务的患者对服务的满意度，以此来评估医疗信息化系统在提升患者就诊体验方面的作用。可以通过用户满意度调查、用户反馈、电子病历系统使用情况等方式来衡量。

(4) 电力行业信息化。

A. 用户满意度。

用户满意度的二级指标——系统用户满意度。

指标定义：使用信息系统的用户对系统的满意度。

指标解释：主要关注的是电力行业信息化系统在提升服务质量、增强系统稳定性和安全性等方面的作用，以此提升用户的满意度。可以通过用户满意度调查、在线评价等方式来衡量。

B. 客户服务满意度。

a. 在线服务满意度。

指标定义：使用信息化系统进行在线服务的客户的满意度。

指标解释：主要关注的是电力行业信息化系统在提升在线服务质量、缩短服务响应时间、增强系统稳定性和易用性等方面的作用，以此提升客户的满意度。可以通过客户满意度调查、在线评价等方式来衡量。

b. 电力供应满意度。

指标定义：客户对电力供应稳定性和质量的满意度。

指标解释：主要关注的是电力行业信息化系统在提升电力供应稳定性和质量方面的作用，以此提升客户的满意度。可以通过客户满意度调查、在线评价等方式来衡量。

（5）制造行业信息化。

A. 用户满意度。

用户满意度的二级指标——系统用户满意度。

指标定义：使用信息系统的用户对系统的满意度。

指标解释：主要关注的是制造业信息化系统在提供用户满意度方面的表现。可以通过用户满意度调查、在线反馈等方式来衡量。

B. 客户满意度。

a. 产品服务满意度提高。

指标定义：通过信息化技术提高的产品服务满意度，如提高售后服务的效率和质量。

指标解释：主要关注的是制造业信息化系统在提升产品服务满意度，特别是提高售后服务的效率和质量等方面的作用。可以通过客户满意度调查、售后服务反馈等方式来衡量。

b. 产品体验满意度提高。

指标定义：通过信息化技术提高的产品体验满意度，如提高产品的使用体验、满足客户的个性化需求。

指标解释：主要关注的是制造业信息化系统在提升产品体验满意度，特别是提高产品的使用体验和满足客户个性化需求等方面的作用。可以通过客户满意度调查、产品体验反馈等方式来衡量。

（6）教育行业信息化。

A. 用户满意度。

用户满意度的二级指标——系统用户满意度。

指标定义：使用信息系统的用户对系统的满意度。

指标解释：主要衡量的是使用教育信息化系统的教师、学生、管理员等用户对系统的满意度。包括系统的易用性、功能的完备性、系统的稳定性、技术支持的质量等方面。可以通过用户满意度调查、在线评价等方式来衡量。

B. 学生满意度。

a. 在线学习平台满意度。

指标定义：使用在线学习平台的学生的满意度。

指标解释：主要衡量的是使用在线学习平台的学生对平台的满意度。包括平台的易用性、内容的质量和丰富程度、交互性,以及技术支持的质量等方面。可以通过学生满意度调查、在线评价等方式来衡量。

b. 在线教育服务满意度。

指标定义:接受在线教育服务的学生的满意度。

指标解释:主要衡量的是接受在线教育服务的学生对服务的满意度。包括教学质量、教学资源的丰富性、互动性、学习效果以及技术支持的质量等方面。可以通过学生满意度调查、在线评价等方式来衡量。

(7)电信行业信息化。

电信行业信息化的二级指标——客户满意度。

a. 网络服务满意度。

指标定义:客户对网络服务(如通话质量、数据速度等)的满意度。

指标解释:主要衡量的是用户对电信行业提供的网络服务的满意度,包括通话质量、数据速度、网络稳定性等方面。可以通过客户满意度调查、网络反馈等方式来收集数据。

b. 客户服务满意度。

指标定义:客户对客户服务(如业务咨询、故障处理等)的满意度。

指标解释:主要衡量的是用户对电信行业提供的客户服务的满意度,包括业务咨询、故障处理、投诉处理等方面。可以通过客户满意度调查、在线反馈等方式来收集数据。

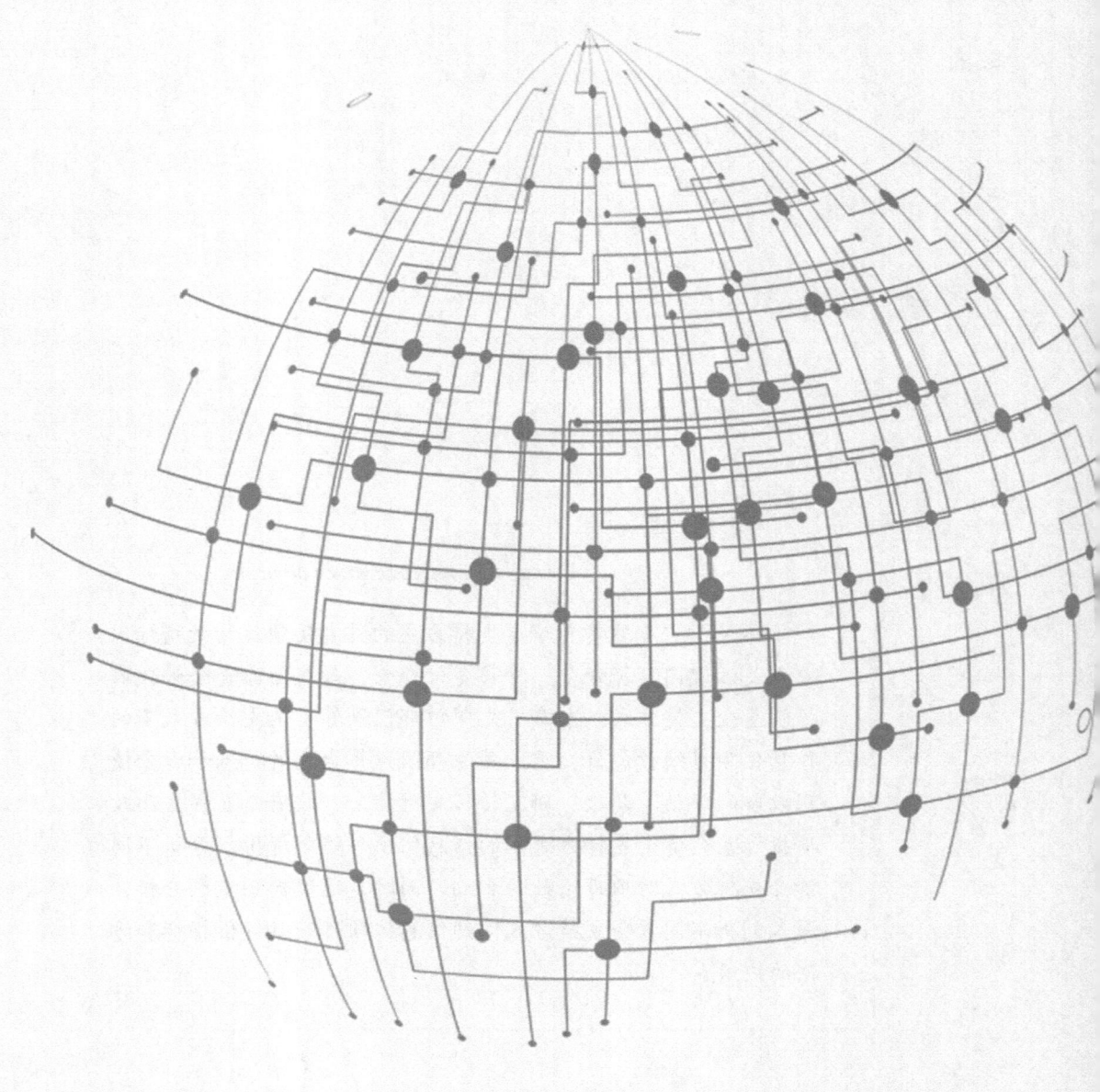

/ 第五章 /

基于资金支持方式的信息化项目绩效指标

第五章 基于资金支持方式的信息化项目绩效指标

本章旨在研究基于资金支持方式的信息化项目绩效指标，重点关注部门预算资金、转移支付资金、政府债券资金和政府投资基金支持方式。本章首先探讨部门预算资金支持方式下的信息化项目绩效评价，重点关注部门预算资金的特点和资金使用效率的评估。其次，研究转移支付资金、政府债券资金和政府投资基金资金支持方式下的信息化项目绩效评价，分析不同资金支持方式对项目绩效的影响。同时，通过典型案例分析，深入剖析不同资金支持方式下的信息化项目绩效评价指标和方法的应用。

第一节　部门预算资金

部门预算资金作为信息化项目的一种重要资金支持方式，在项目实施过程中起着至关重要的作用。准确评价部门预算资金支持方式下信息化项目的绩效，有助于了解资金使用情况、评估项目的成果和效益，并为进一步的决策和管理提供科学依据。本节将针对部门预算资金支持方式下的信息化项目绩效评价进行深入研究，重点关注部门预算资金的特点和资金使用效率的评估。

一、部门预算资金的支持信息化项目特点

（一）部门预算

部门预算制度是市场经济国家财政管理的基本形式，也是编制政府预算的一种制度和方法，由政府各个部门编制，反映政府各部门所有收入和支出情况的政府预算。

部门预算是事业发展计划的综合反映，是加强单位宏观调控能力、改善资金使用状况的有效手段，是涉及单位管理的各个方面、集预测与决策一体的综合性工作。因此，单位法人以及相关领导必须高度重视部门预算编制工作，切实履行预算工作的主体责任，有效组织相关部门共同完成编制预算工作，提高预算编制的准确性、真实性、合理性。各相关部门应按照单位的统一部署，努力做好职责单位内的预算编制工作，切实实现预算从基层编起，夯实预算准确性的基础。

（二）部门预算资金

中央一般公共预算包括中央各部门（含直属单位，下同）的预算和中央对地方的税收返还、转移支付预算。中央一般公共预算收入包括中央本级收入和地方向中央的上解收入。中央一般公共预算支出包括中央本级支出、中央对地方的税收返还和转移支付。本章所讲的一般公共预算支出，指中央或地方本级支出，不包括转移支付。

一般公共预算收入包括各项税收收入、行政事业性收费收入、国有资源（资产）有偿使用收入、转移性收入和其他收入。一般公共预算支出按照其功能分类，包括一般公共服务支出，外交、公共安全、国防支出，农业、环境保护支出，教育、科技、文化、卫生、体育支出，社会保障及就业支出和其他支出。

一般公共预算支出按照其经济性质分类，包括工资福利支出、商品和服务支出、资本性支出和其他支出。

（三）部门预算资金如何安排信息化项目经费

项目按照部门预算编报要求分为国务院已研究确定项目、经常性专项业务费项目、跨年度支出项目和其他项目四种类别。

国务院已研究确定项目，是指国务院已研究确定需由财政预算资金重点保障安排的支出项目。包括党中央、国务院文件中明确规定中央财政预算安排的项目、党中央和国务院领导明确批示需由中央财政予以安排的项目等。

经常性专项业务费项目，是指中央部门为维持其正常运转而发生的大型设施、大型设备、大型专用网络运行费和为完成特定工作任务而持续发生的支出项目。如执法部门办案费，常例性的专项检查经费，监管、监测、审批、审查经费等。

跨年度支出项目，是指除以前年度延续的国务院已研究确定项目和经常性专项业务费项目之外，经财政部批准并已确定分年度预算，需在本年度继续安排预算的项目和当年新增的需在本年度及以后年度继续安排预算的支出项目。

其他项目，是指除前三类支出项目之外，中央部门为完成其职责需安排的支出项目。

我们常说的信息化运行维护类项目属于部门预算经常性专项业务费项目。信息化运行维护类项目，是指为保证行政事业单位计算机网络和业务信息化系统正常运行和信息安全而必须支付的硬件设备维修、软件和数据维护等方面的技术服务、通信服务、线路租金、零配件费用支出项目。

除此之外信息化新建项目属于新增性项目。新增性项目指本年度新增的需列入预算安排的项目。新增性项目分为新增的一次性项目、新增的常年性项目和新增的延续性项目。

新增的一次性项目是指预算年度新增的一次性安排完成的项目。信息系统改造类项目属于这类项目，是指行政事业单位用于电子政务工程、信息化网络改造等项目。

（四）部门预算保障信息化项目建设的特点

1. 实行预算一体化平台监管，确保资金专款专用

部门预算资金通过预算一体化平台进行监管，落实专款专用。通过综合的预算管理系统，将信息化项目纳入其中进行监控。该平台实现了对项目资金的全流程管理，包括预算申报、资金拨付、执行监督等。通过该平台，部门能够实时掌握项目资金的

使用情况，确保资金专款专用。例如，当某部门在预算一体化平台上申报一项信息化项目的资金需求时，平台会进行审核和审批，并记录资金流向，从而实现对项目资金的精确监管和管理。

2. 有明确的绩效指标，年度需要预算绩效评价

部门预算在编制过程中明确制定了信息化项目的绩效指标。这些指标可以涵盖项目的进展、质量、成果等方面。举例来说，某政府部门在预算编制时设定了关键绩效指标，如系统功能完备度、用户满意度、数据安全性等。然后，该部门每年进行预算绩效评价，对项目的绩效进行定量和定性的评估。评价结果可以作为制定下一年度预算时的参考，有助于优化资源配置和提高项目绩效。例如，某部门的信息化项目在年度绩效评价中得到较高评价，意味着项目取得了预期的成果和效益，部门可以继续保障项目的资金需求，并在下一年度的预算中予以适当增加。

3. 资金保障充实，按期交付不存在资金短缺的情况

部门预算保障信息化项目的资金需求，避免资金短缺情况。例如，某政府部门在预算编制中充分考虑到信息化项目的资金需求，确保项目所需资金充足，并按期交付。该部门在编制预算时，对信息化项目的资金需求进行细致的测算和预估，包括硬件设备、软件开发、培训等方面的费用。通过充分的资金保障，项目团队可以按计划进行项目开发和实施，避免了因资金短缺导致项目进展受阻或无法按时完成的情况。再如，某部门的信息化项目预算充足，确保了项目所需的硬件设备和软件开发费用，使项目团队能够按期完成系统开发和上线，并顺利交付给用户使用。

二、反映资金特性的关键绩效指标

（一）决策类

1. 项目立项

（1）立项依据充分性。项目立项是否符合法律法规、相关政策、发展规划以及部门职责，用以反映和考核项目立项依据情况。

评价要点：

①项目立项是否符合国家法律法规、国民经济发展规划和相关政策。

②项目立项是否符合行业发展规划和政策要求。

③项目立项是否坚持统筹规划、共建共享、业务协同、安全可靠的原则。

④项目立项是否与部门职责范围相符，属于部门履职所需。

⑤项目是否属于公共财政支持范围，是否符合中央、地方事权支出责任划分原则。

⑥项目是否与相关部门同类项目或部门内部相关项目重复。

（2）立项程序规范性。项目申请、设立过程是否符合相关要求，用以反映和考核项目立项的规范情况。

评价要点：

①项目是否按照规定的程序申请设立。

②审批文件、材料是否符合相关要求。

③事前是否已经过必要的可行性研究、专家论证、风险评估、绩效评估、集体决策。

④项目是否明确资金来源为部门预算资金，是否明确资金保障方式，即追加预算、部门调剂、年度预算批复项目支出。

⑤部门自行审批新建、改建、扩建，以及通过政府购买服务方式产生的国家政务信息化项目，是否按规定履行审批程序并向同级发展改革委备案。

2. 绩效目标

（1）绩效目标合理性。项目所设定的绩效目标是否依据充分，是否符合客观实际，用以反映和考核项目绩效目标与项目实施的相符情况。

评价要点：

①项目是否有绩效目标。

②项目绩效目标与实际工作内容是否具有相关性。

③项目预期产出效益和效果是否符合正常的业绩水平。

④是否与预算确定的项目投资额或资金量相匹配。

⑤项目绩效目标设置是否完整。

⑥项目阶段性目标是否与资金拨付进度相匹配。

（2）绩效指标明确性。依据绩效目标设定的绩效指标是否清晰、细化、可衡量等，用以反映和考核项目绩效目标的明细化情况。

评价要点：

①是否将项目绩效目标细化分解为具体的绩效指标。

②是否通过清晰、可衡量的指标值予以体现。

③是否与项目目标任务数或计划数相对应。

④综合类信息化项目是否区分各部分建设差异，设置绩效指标。

3. 资金投入

（1）预算编制科学性。项目预算编制是否经过科学论证、有明确标准，资金额度与年度目标是否相适应，用以反映和考核项目预算编制的科学性、合理性情况。

评价要点：

①预算编制是否经过科学论证。

②预算内容与项目内容是否匹配。

③预算额度测算依据是否充分，是否按照标准编制。

④预算确定的项目投资额或资金量是否与工作任务相匹配。

⑤预算是否经过第三方中介机构评审，并出具评审报告。

⑥运维类信息化项目是否按要求共享数据资源，纳入国家政务信息系统总目录的系统，并符合密码应用和网络安全要求。

⑦上级单位"统采分签"类信息化项目，资料完整性是否符合本级财政预算编制要求。

（2）资金分配合理性。项目预算资金分配是否有测算依据，与补助单位或地方实际是否相适应，用以反映和考核项目预算资金分配的科学性、合理性情况。

评价要点：

①预算资金分配依据是否充分。

②资金分配额度是否合理，与项目单位或地方实际是否相适应。

（二）管理类

1. 资金管理

（1）资金节约率。预算申报资金减去预算评审确定资金后与预算申报资金的比率，用以反映和考核预算资金节约情况。

资金节约率＝（预算申报资金－预算评审确定资金）/预算申报资金×100%。

（2）资金到位率。实际到位资金与预算资金的比率，用以反映和考核资金落实情况对项目实施的总体保障程度。

资金到位率＝（实际到位资金/预算资金）×100%。

（3）预算执行率。项目预算资金是否按照计划执行，用以反映或考核项目预算执行情况。

预算执行率＝（实际支出资金/实际到位资金）×100%。

（4）资金支付效率。项目验收合格达到预计可使用状况后，资金实际支付时间与合同约定付款时间的比率，用以反映项目单位在优化营商环境和促进中小企业发展方面，落实重大政策情况。此比率越接近1说明效率越高，反之则效率越低。

资金支付效率＝（资金实际支付时间/合同约定付款时间）×100%。

(5) 资金使用合规性。项目资金使用是否符合相关的财务管理制度规定，用以反映和考核项目资金的规范运行情况。

评价要点：

①是否符合国家财经法规和财务管理制度以及有关专项资金管理办法的规定。

②资金的拨付是否有完整的审批程序和手续。

③是否符合项目预算批复或合同规定的用途。

④是否存在截留、挤占、挪用、虚列支出等情况。

⑤运维类信息化项目更换备品备件，资金支付审批手续是否完整。

⑥资金支付之前项目是否进行验收和结算审核。

2. 组织实施

(1) 管理制度健全性。项目实施单位的财务和业务管理制度是否健全，用以反映和考核财务和业务管理制度对项目顺利实施的保障情况。

评价要点：

①是否已制定或具有相应的财务和业务管理制度。

②财务和业务管理制度是否合法、合规、完整。

(2) 制度执行有效性。项目实施是否符合相关管理规定，用以反映和考核相关管理制度的有效执行情况。

评价要点：

①是否遵守相关法律法规和相关管理规定。

②项目调整及支出调整手续是否完备。

③项目合同书、验收报告、技术鉴定等资料是否齐全并及时归档。

④项目实施的人员条件、场地设备、信息支撑等是否落实到位。

(三) 产出类

1. 产出质量

质量达标率。项目完成的质量达标产出数与实际产出数的比率，用以反映和考核项目产出质量目标的实现程度。

质量达标率 = (质量达标产出数/实际产出数) × 100%。

质量达标产出数：一定时期（本年度或项目期）内实际达到既定质量标准的产品或服务数量。既定质量标准是指项目实施单位设立绩效目标时依据计划标准、行业标准、历史标准或其他标准而设定的绩效指标值。

2. 产出时效

完成及时性。项目实际完成时间与计划完成时间的比较,用以反映和考核项目产出时效目标的实现程度。

实际完成时间:项目实施单位完成该项目实际所耗用的时间。

计划完成时间:按照项目实施计划或相关规定完成该项目所需的时间。

3. 产出成本

成本节约率。完成项目计划工作目标的实际节约成本与计划成本的比率,用以反映和考核项目的成本节约程度。

成本节约率=[(计划成本-实际成本)/计划成本]×100%。

实际成本:项目实施单位如期、保质、保量完成既定工作目标实际所耗费的支出。

计划成本:项目实施单位为完成工作目标计划安排的支出,一般以项目预算为参考。

(四)效益类

1. 实施效益

项目实施所产生的效益。项目实施所产生的社会效益、经济效益、生态效益、可持续影响等。可根据项目实际情况有选择地设置和细化。

(1)社会效益。

指标名称:公共服务覆盖率。

计算方式:公共服务覆盖率=享受项目所提供公共服务的用户数/项目预期覆盖的总用户数×100%

指标解释:该指标反映了项目实施后,公共服务实际覆盖到的用户比例,体现了项目对提升社会福祉的贡献。它衡量了项目在提升公共服务水平、满足公众需求方面的实际效果。

指标来源:根据项目实际情况、服务记录和用户反馈等数据计算得出。

标准值:根据项目规划和目标设定,一般应不低于项目预期的覆盖率目标。

(2)经济效益。

指标名称:投资回报率。

计算方式:投资回报率=(项目收益-项目成本)/项目成本×100%。

指标解释:该指标反映了项目实施后所获得的经济效益与投入成本之间的关系,是评估项目经济效益的核心指标。项目收益包括直接收益和间接收益,项目成本包括直接成本和间接成本。

指标来源：根据项目实际情况和财务数据自行计算。

标准值：根据项目实际情况和行业平均水平设定。

（3）生态效益。

指标名称：资源利用效率。

计算方式：资源利用效率＝项目使用资源量/项目总资源需求量×100%。

指标解释：该指标反映了项目实施过程中资源利用的效率，体现了项目对生态环境的友好程度。资源使用量和总资源需求量应根据项目的实际情况进行定义和计算。

指标来源：根据项目实际情况和环保要求自行设定。

标准值：不低于行业平均水平。

（4）可持续影响。

指标名称：技术创新应用能力。

计算方式：技术创新应用能力＝项目采用新技术或创新方法数量/项目总技术或方法数量×100%。

指标解释：该指标衡量了项目实施过程中技术创新和应用的程度，是评估项目可持续影响的重要指标之一。新技术或创新方法的采用有助于提升项目的长期效益和可持续性。

指标来源：根据项目实际情况和技术创新要求自行设定。

标准值：根据项目实际情况和行业发展趋势设定。

2. 满意度

社会公众或服务对象对项目实施效果的满意程度。社会公众或服务对象是指因该项目实施而受到影响的部门（单位）、群体或个人。一般采取社会调查的方式。

指标名称：用户满意度。

计算方式：用户满意度＝（非常满意用户数＋满意用户数）/总用户数×100%。

指标解释：该指标衡量了项目实施后用户对服务的满意程度，是评估项目社会效益的重要指标之一。通过问卷调查、用户反馈等方式收集数据。

指标来源：根据项目实际情况和行业标准自行设定。

标准值：大于等于。

三、典型案例分析

案例名称：部门预算资金支持的电子政务项目。

项目背景：为提高政府工作效率、增加政府透明度、方便民众办事，某市政府决定实施电子政务项目。项目内容包括政务信息公开、行政审批、办事指南、在线咨询、投诉反馈等方面。

资金支持方式：部门预算资金支持。在市政府的年度预算中，将电子政务项目的建设和运行费用纳入相关部门的预算范畴。

项目绩效指标：

预算执行率：项目实际花费与预算的比例。接近或达到100%表示预算执行较为合理。

项目进度：按照项目计划完成的工作进度。按时完成或提前完成表示项目进度较好。

服务质量：衡量项目在行政审批、办事指南、在线咨询、投诉反馈等方面的服务质量。可通过用户满意度调查、第三方评估等方式进行衡量。

服务覆盖率：电子政务项目所覆盖的居民和企业数量。覆盖率越高，项目的普及程度越高。

办事效率提升：对比项目实施前后的办事效率数据，衡量电子政务项目对办事效率的提升程度。效率提升越明显，项目的价值越高。

政府透明度提升：通过对比项目实施前后的政府信息公开程度，评估项目对政府透明度的提升。透明度提升越明显，项目的价值越高。

经济社会效益：项目实施后对经济发展和社会进步产生的影响。通过分析数据、统计指标等来衡量项目带来的经济社会效益。

通过以上绩效指标的考核，可以全面评估电子政务项目在部门预算资金支持方式下的实际效果和价值。政府部门和项目负责方可以根据这些绩效指标进行持续优化和调整，以确保项目的成功实施和可持续发展。

第二节 转移支付资金

转移支付资金作为信息化项目的资金支持方式之一，具有其独特的特点和影响因素。本节重点研究转移支付资金支持下信息化项目的绩效评价，探讨资金特性对项目绩效的影响，以及关键绩效指标的提取和分析方法。

一、由转移支付资金支持信息化项目建设的特点

（一）转移支付制度

国家实行财政转移支付制度。财政转移支付应当规范、公平、公开，以推进地区间基本公共服务均等化为主要目标。财政转移支付包括中央对地方的转移支付和地方上级政府对下级政府的转移支付，以均衡地区间基本财力、由下级政府统筹安排使用的一般性转移支付为主体。

按照法律、行政法规和国务院的规定可以设立专项转移支付，用于办理特定事项。建立健全专项转移支付定期评估和退出机制。市场竞争机制能够有效调节的事项不得设立专项转移支付。

上级政府在安排专项转移支付时，不得要求下级政府承担配套资金。但是，按照国务院的规定应当由上下级政府共同承担的事项除外。

（二）转移支付资金

1. 一般转移支付

一般转移支付主要是对地方的财力补助，不指定用途，地方可自主安排支出。一般性转移支付是政府间财政关系的重要组成部分，目的是缩小地区间财力差距，实现地区间基本公共服务能力均等化。此类转移支付不规定具体用途，由接受拨款的政府自主安排使用，目的是弥补财政实力薄弱地区的财力缺口，均衡地区间财力差距，实现地区间公共服务能力的均等化。共同财政事权转移支付与财政事权和支出责任划分改革相衔接，用于履行本级政府应承担的共同财政事权支出责任，下级政府要确保上级拨付的共同财政事权转移支付资金全部安排用于履行相应财政事权。编制预算时，共同财政事权转移支付暂列一般性转移支付。专项转移支付用于办理特定事项、引导下级干事创业等，下级政府要按照上级政府规定的用途安排使用。

2. 专项转移支付

专项转移支付主要服务于中央的特定政策目标，地方政府应当按照中央政府规定的用途使用资金。与一般性转移支付不同，专项转移支付由于规定了转移支付资金的使用用途，有的甚至附带一些条件，下级政府只能在规定项目中使用转移支付资金，因此，专项转移支付更能体现上级政府的政策意图，贯彻产业政策，更有效地配置资源，保证经济高效运行，因此，更能体现效率原则。

3. 共同财政事权转移支付

共同财政事权转移支付,作为一种特殊类型的财政支持,主要是指中央政府为实现特定政策目标,向地方政府提供的专项资金。这类转移支付不同于一般性转移支付,其资金用途受到严格规定,通常服务于中央的宏观战略和产业政策。地方政府在接收这类转移支付时,必须遵照中央政府的指示,将资金专项用于指定的项目或领域,确保资金使用的针对性和有效性。

与一般性转移支付相比,专项转移支付因为明确了资金的具体用途,甚至在某些情况下附带了特定条件,使下级政府在资金使用上受到更多约束。这种限制性确保了转移支付资金能够直接支持中央政府的政策意图,促进相关产业政策的贯彻落实。通过这种方式,专项转移支付成为一种高效的资源配置工具,它不仅能够引导地方政府在经济发展中的行为,还能在全国范围内优化资源配置,从而推动经济的高效运行。因此,共同财政事权转移支付在体现公平原则的同时,更能凸显效率原则,为国家的整体经济发展和产业政策实施提供了有力的财政支持。

(三)转移支付资金如何安排信息化项目经费

一般转移支付资金安排的项目参照部门预算方式执行。

专项转移支付资金应下达中央或地方专项指标文件(本节以政法专项资金为例),指标文名称为《××年中央政法专项转移支付资金》(财预指〔202×〕××号),专项转移支付资金指标文中会明确资金支出方向,甚至是资金支付科目等,例如:"公安业务费——办案费"或"公安业务费——装备费"。信息化项目侦查设备采购一般列入"装备费"。

二、反映资金特性的关键绩效指标

通用类指标可参考第五章第一节部门预算资金的指标设置,转移支付资金关键绩效指标具体如下:

绩效指标按实施期指标和年度指标分别设置。其中,实施期指标是对实施期目标的细化和量化,年度指标是对年度目标的细化和量化。本节以年度指标进行举例说明。

年度绩效指标一般包括产出指标、效益指标、满意度指标三类一级指标,每一类一级指标细分为若干二级指标、三级指标,分别设定具体的指标值。指标值应尽量细化、量化,可量化的用数值描述,不可量化的以定性描述。

(一) 产出指标

指标定义：反映根据既定目标，相关预算资金预期采购的信息化产品及服务情况。可进一步细分为以下类型：

1. 数量指标

指标定义：反映预期采购的信息化产品及服务的数量，如"服务器数量""交换机数量"等，具体可分为概算批复采购数量、预算编制采购数量、合同清单数量及实际验收交付数量等。

上述数量之间可以建立关联关系，设置变化率来反映项目执行过程中需求设计的准确性。

2. 质量指标

指标定义：反映预期提供的信息化产品及服务达到的标准、水平和效果，如"信息化产品检测报告提供情况""项目验收通过率""信息化运维服务完成质量"等，具体可分；

（1）产品说明书，合格证，检测报告提供情况。

提供率 = 已提供报告数量/合同清单所有产品数量 × 100%。

（2）项目验收通过率 = 已通过项目数/整体项目数 × 100%。

（3）信息化运维服务完成质量。

①可用性：衡量系统在一定时间内可用的百分比。

计算公式：可用时间/总时间 × 100%。

例如，一年内系统可用时间为 365 天，如果系统有 350 天可用，则可用率为 (350/365) × 100% = 95.89%。

②响应时间：测量系统响应用户请求的速度。

计算公式：总响应时间/请求次数。

例如，系统总共处理了 1000 个请求，总共花费了 1000 秒，则平均响应时间为 1000 秒/1000 次 = 1 秒。

③问题解决时间：衡量系统故障发生后恢复正常运行所需的平均时间。

计算公式：累计故障处理时间/故障次数。

例如，系统在一年内发生了 10 次故障，总共恢复故障花费了 100 小时，则 MTTR 为 100 小时/10 次 = 10 小时。

④问题解决率：衡量系统出现问题后解决的比率。

计算公式：已解决问题数量/总问题数量 × 100%。

例如，一周内系统共出现了 50 个问题，其中已解决了 40 个，则问题解决率为（40/50）× 100% = 80%。

3. 时效指标

指标定义：反映预期提供信息化产品及服务的及时程度和效率情况，如"项目建设周期""项目使用时间"等。

（1）交付时间：衡量项目按计划交付的时间。

计算公式：实际交付时间 – 计划交付时间。

例如，如果项目原计划在 2023 年 6 月 30 日交付，实际交付时间是 2023 年 7 月 5 日，则交付时间为 5 天。

（2）项目进度：评估项目在执行过程中的实际进度。可以根据项目的关键里程碑或阶段来评估，如完成的任务数量或完成百分比。

（3）响应时间：衡量系统响应用户请求的速度。

计算公式：用户发出请求后系统响应的时间。

例如，用户发出请求后系统响应的平均时间为 2 秒。

（4）问题解决时间：衡量系统出现问题后解决的平均时间。

计算公式：累计故障处理时间/故障次数。

例如，系统在一段时间内共发生了 10 次故障，总共解决故障花费了 100 小时，则 MTTR 为 100 小时/10 次 = 10 小时。

（5）服务响应速度：衡量服务提供商对客户提出的请求的快速响应能力。可以根据客户发起请求到服务提供商作出响应的时间来评估。

（6）更新周期：衡量产品或服务的更新和维护周期。

例如，软件产品的版本更新周期或服务升级的频率。

4. 成本指标

成本指标反映预期提供信息化产品及服务所需成本的控制情况，如"人工成本""市场综合成本比较"等。

（二）效益指标

指标定义：反映与既定绩效目标相关的、前述相关产出所带来的预期效果的实现程度。可进一步细分为以下类型。

1. 经济效益指标

指标定义：反映相关产出对经济发展带来的影响和效果，如"促进增收率或增收额""采用先进技术带来的实际收入增长率"等。

（1）成本效益比：衡量项目所产生的经济效益与成本之间的比率。可以评估项目所带来的社会价值与成本之间的关系。

（2）社会回报：评估项目对社会所产生的积极影响和回报。这可能包括提高社区居民的生活质量、促进社会发展、改善公共服务等方面。

（3）投入产出比：评估项目所投入资源（人力、物力、财力）与产出（实现的目标、解决的问题）之间的比例关系。可通过这种方式来评估资源利用效率。

（4）影响范围和持续性：评估项目的影响范围以及项目成果的持续性。转移支付的目标通常是为了解决特定的社会问题或满足特定需求，因此评估项目的影响范围和持续性对于衡量其效益至关重要。

（5）参与度和反馈：评估项目的参与度和社区反馈，了解项目在社区中的认可度和影响力。这可以通过调查、焦点小组讨论、社交媒体反馈等方式来获取。

2. 社会效益指标

指标定义：反映相关产出对社会发展带来的影响和效果，如"带动就业增长率""低收入家庭居住条件改善情况"等。

（1）受益人数量：项目实施后受益人的数量。这可以是直接受益人，也可以是间接受益人。

（2）受益程度：衡量项目对受益人的实际影响程度。可以通过调查、案例分析等方法来评估。

（3）社会价值：项目所创造的社会价值，包括经济、环境、文化等方面的价值。这可能需要进行定量和定性分析。

（4）可持续性：项目的可持续性和长期影响力。这包括项目的长期影响能力、资源利用效率等。

（5）社会影响力：项目对社会的影响程度，包括改善社会福利、减少社会不平等等方面的影响。

（6）政策影响：项目对政策制定和实施的影响，以及对相关政策的建议或改进。

（7）资源利用效率：项目实施过程中资源的利用效率，包括人力、物力、财力等资源的利用情况。

（8）社会认可度：社会对项目的认可程度和支持程度，可以通过公众调查等方式进行评估。

3. 生态效益指标

指标定义：反映相关产出对生态环境带来的影响和效果，如"空气质量优良率""万元 GDP 能耗下降率"等。

（1）能源消耗：评估项目所需的能源消耗情况，包括电力、燃料等。努力降低能源消耗，采用能源高效的技术和设备。

（2）碳足迹：评估项目对温室气体排放的影响，特别是二氧化碳排放。努力减少碳排放，采用低碳和无碳的技术和策略。

（3）电子废物处理：评估项目带来的电子废物数量和处理方式，包括废弃设备和电子垃圾的回收、再利用和处理。

（4）资源利用效率：评估项目对资源的利用效率，包括物质资源（如纸张、墨盒）和人力资源的利用情况。

（5）数字包容性：评估项目对社会的包容性和公平性，特别是对于数字化能力较低的群体。确保项目不会加剧数字鸿沟，提升全社会的数字化能力。

（6）生物多样性保护：评估项目对周边生物多样性的影响，包括建设对当地生态系统的影响以及采取的保护措施。

（7）数字可持续性：评估项目的数字化解决方案的可持续性，包括数据隐私和安全、数字平等、数字治理等方面的影响。

4. 可持续影响指标

指标定义：反映相关产出带来影响的可持续期限，如"项目持续发挥作用的期限""对本行业未来可持续发展的影响"等。

（1）环境影响：

能源消耗和碳排放：评估项目对能源消耗和二氧化碳排放的影响，通过采用能源高效的技术和策略来降低环境负荷。

电子废物和资源利用：评估项目带来的电子废物数量和处理方式，采用可持续的资源利用和废物处理方案。

（2）社会影响：

数字包容性：评估项目对社会各个群体的包容性和公平性，确保项目不会加剧数字鸿沟，提高全社会的数字化能力。

数字可持续性：评估项目的数字化解决方案的可持续性，包括数据隐私和安全、数字平等、数字治理等方面的影响。

就业和社会参与：评估项目对就业机会的影响以及项目对社会的参与程度，特别是对弱势群体的影响。

社会责任和透明度：评估项目的社会责任和透明度，采取积极的社会和环境责任措施，建立公开透明的治理机制。

(3) 经济影响：

投资回报和成本效益：评估项目的投资回报率和成本效益，确保项目实施后能够实现经济效益和可持续发展。

创新和竞争力：评估项目对创新能力和市场竞争力的影响，推动经济增长和产业升级。

（三）满意度指标

指标定义：属于预期效果的内容，反映服务对象或受益人对相关产出及其影响的认可程度，可根据实际细化为具体指标。

（1）系统功能满意度：受益人对系统功能的满意程度，包括系统提供的功能是否满足其需求、功能是否易于使用等。

（2）用户体验满意度：受益人对系统用户界面和操作流程的满意程度，包括界面设计是否直观友好、操作是否简便等。

（3）系统性能满意度：受益人对系统性能的满意程度，包括系统的响应速度、稳定性、可靠性等方面。

（4）数据安全和隐私满意度：受益人对系统中个人信息和敏感数据的安全保障措施的满意程度，包括数据加密、访问权限控制等。

（5）支持和培训满意度：受益人对系统支持和培训服务的满意程度，包括技术支持响应时间、问题解决效率以及培训质量等。

（6）沟通和参与满意度：受益人对项目团队与其沟通和参与程度的满意程度，包括信息透明度、沟通及时性、反馈回应等。

（7）成本效益满意度：受益人对项目成本与效益的匹配程度的满意程度，包括项目投资是否值得、预期收益是否实现等。

（8）系统升级和维护满意度：受益人对系统升级和维护的满意程度，包括升级是否及时、维护质量是否高效等。

实际操作中其他绩效指标的具体内容，可根据需要在上述指标中或在上述指标之外另行补充。通过以上关键绩效指标，可以全面了解转移支付资金在信息化项目建设中的使用情况，确保资金得到合理、高效的利用。在实际操作中，可以根据项目的具体情况和需求，选取合适的关键绩效指标进行评估，以确保项目顺利推进并达到预期目标。

三、典型案例分析

案例名称：基于转移支付资金支持的农村信息化项目。

项目背景：为了缩小城乡数字鸿沟，提高农村地区的信息化水平，国家决定实施农村信息化项目。项目内容包括农村宽带网络建设、农民信息技术培训、农产品电子商务等方面。

资金支持方式：转移支付资金支持。中央政府将专项资金下拨给地方政府，用于支持农村信息化项目的实施。

项目绩效指标：

资金使用效率：项目所需投资额与实际花费的资金之间的差值。越小说明资金使用越有效。

预算执行率：项目实际花费与预算的比例。接近或达到100％表示预算执行较为合理。

项目进度：按照项目计划完成的工作进度。按时完成或提前完成表示项目进度较好。

网络覆盖率：农村宽带网络所覆盖的村庄和农户数量。覆盖率越高，项目的普及程度越高。

培训覆盖率：农民信息技术培训所覆盖的农民数量。覆盖率越高，项目的普及程度越高。

电子商务发展：衡量农产品电子商务发展情况，如农产品线上销售额、农民参与电子商务的比例等指标。电子商务发展越快，项目的价值越高。

农民收入增长：项目实施后对农民收入的影响。通过分析数据、统计指标等来衡量项目带来的收入增长。

社会经济效益：项目实施后对农村地区经济发展和社会进步产生的影响。通过分析数据、统计指标等来衡量项目带来的社会经济效益。

通过以上绩效指标的考核，可以全面评估农村信息化项目在转移支付资金支持方式下的实际效果和价值。政府部门和项目负责方可以根据这些绩效指标进行持续优化和调整，以确保项目的成功实施和可持续发展。

第三节 政府债券资金

政府债券资金作为信息化项目的资金支持方式之一，对项目的绩效评价具有重要影响。本节探讨政府债券资金支持下信息化项目的绩效评价指标的开发和应用，以及资金特性对项目绩效的影响因素。

一、政府债券资金支持信息化项目特点

（一）重点关注公共服务领域

政府债券资金主要用于支持公共服务领域的信息化建设，如教育、医疗、交通等领域，重点关注服务于民生的项目。

（二）资金来源清晰

政府债券资金来自政府的借款，通常由财政部门发行，具有明确的资金来源和用途，资金使用过程中需要遵循相关法规和规定。例如，某省财政局发行债券资金用于支持医疗信息化项目，以改善医疗服务和提升患者就诊体验。这些资金来源于政府的借款，并按照相关法规和规定进行使用和管理。

（三）投资回报周期较长

政府债券资金支持的信息化项目一般具有较长的投资回报周期，需要长期的资金支持和管理。例如，某市政府发行债券资金用于改善交通信息化建设，包括智能交通管理系统和公共交通一卡通等。这些项目的投资回报周期可能需要数年甚至更长时间，需要政府长期的资金支持和管理。

（四）项目规模大

政府债券资金支持的信息化项目通常规模较大，需要充足的资金和资源支持，涉及多个领域和方面。举例来说，某省政府发行债券资金用于支持全省范围的电子政务建设，包括政务大数据平台、电子证照系统等。这些项目需要大量的资金和资源投入，涉及各级政府部门和相关机构的合作和协调。

（五）政府监管严格

政府债券资金支持的信息化项目需要符合政府的相关要求和标准，监管机构会对项目的执行情况进行严格监督和管理，确保资金使用的合规性和效果。例如，政府发行债券资金用于支持电子税务系统建设，以提高税收管理的效率和准确性。政府监管机构会对项目的执行情况进行监督，确保资金使用的合规性和项目效果的实现。

(六)政府与社会资本合作

政府债券资金支持的信息化项目中,政府通常与社会资本进行合作,共同承担项目建设和运营风险,促进资金和资源的共享。

以上是政府债券资金支持信息化项目的一些常见特点,不同的项目和情况可能还会有其他的特点。政府债券资金的使用对于信息化项目的实施和发展有着重要的意义,需要在政策、资金、技术等方面加强支持和管理,以实现更好的投资回报和社会效益。

二、反映资金特性的关键绩效指标

随着信息技术的快速发展,信息化已经成为推动国家经济社会发展的关键力量。为了支持信息化项目的发展,政府通过发行政府债券筹集资金。政府债券资金具有特定的特性,如稳定性、长期性和低成本等,这些特性使政府债券资金在支持信息化项目方面具有优势。本节旨在构建一个反映政府债券资金特性的信息化项目绩效指标体系,并对绩效指标进行详细分析。

1. 项目立项

(1) 项目领域和方向的合规性。

指标解释:评估信息化项目是否符合专项债券支持领域和方向的要求,包括项目所属领域、技术方向、产业政策等,以确保项目的合理性和可持续发展。

计算方式:从政策契合、领域匹配、技术创新的程度进行评价。

①政策契合度。

优秀(100%):与国家政策导向和行业发展趋势完全契合;良好(80%—100%):与国家政策导向和行业发展趋势较为契合,但仍有改进空间;一般(60%—80%):与国家政策导向和行业发展趋势一定程度上契合,但需要加强改进和提升;较差(40%—60%):与国家政策导向和行业发展趋势存在明显的不一致和不足;待改进(0—40%):与国家政策导向和行业发展趋势完全不符,需要立即改进和调整。

②领域匹配度。

优秀(100%):完全符合专项债券支持领域的要求;良好(80%—100%):与专项债券支持领域相符,但有进一步提升的空间;一般(60%—80%):与专项债券支持领域有一定匹配度,但需要加强与要求的对应;较差(40%—60%):与专项债券支持领域不完全相符,存在较大差距;待改进(0—40%):与专项债券支持领域要求完全不符,需要立即改进和调整。

③技术创新性。

优秀（100%）：具有创新的技术应用，达到行业最佳实践和标准；良好（80%—100%）：在技术创新方面表现良好，但仍有改进的空间；一般（60%—80%）：在技术创新方面表现一般，需要进一步加强创新能力；较差（40%—60%）：技术创新水平相对较低，存在明显的不足。

指标来源：《地方政府专项债券项目资金绩效管理办法》（财预〔2021〕61号）。

（2）资金投入。

资金投入指标通过专项债券额度与项目实际需要匹配情况进行评价。

指标解释：专项债券额度与项目实际需要匹配情况是评估项目所申请的专项债券额度是否与项目的实际资金需求相匹配的指标。该指标旨在确保专项债券资金的合理配置和有效利用，避免额度过大或过小对项目的影响。

计算方式：从项目需求的匹配程度进行评价。

优秀（100%）：专项债券额度与项目实际需要完全匹配，资金配备充足，能够满足项目的资金需求；良好（80%—100%）：专项债券额度与项目实际需要基本匹配，资金配备较为充足，能够满足大部分项目的资金需求，但可能存在一些局部的资金不足情况；一般（60%—80%）：专项债券额度与项目实际需要部分匹配，资金配备相对不足，无法完全满足项目的资金需求，可能需要额外的资金来源或者调整项目的规模；较差（40%—60%）：专项债券额度与项目实际需要不匹配，资金配备明显不足，无法满足大部分项目的资金需求，可能需要大幅度调整项目的规模或寻找其他资金来源；待改进（0—40%）：专项债券额度与项目实际需要严重不匹配，资金配备严重不足，无法满足项目的资金需求，需要立即进行调整和补充资金。

指标来源：《地方政府专项债券项目资金绩效管理办法》（财预〔2021〕61号）。

2. 项目管理

（1）资金管理。

①项目按照债券资金要求按规定用途使用情况。

指标解释：项目是否按照专项债券资金使用规定进行资金运作和支出的指标。该指标旨在确保专项债券资金的合规性和有效利用，避免资金滥用或违规使用。

计算方式：从资金使用合规程度进行评价。

优秀（100%）：项目严格按照债券资金使用规定进行资金运作和支出，符合相关政策法规，不存在违规使用情况；良好（80%—100%）：项目大部分按照债券资金使用规定进行资金运作和支出，符合大部分相关政策法规，仅存在个别违规使用情况，但对整体项目影响较小；一般（60%—80%）：项目部分按照债券资金使用规定进行资金运作和支出，存在一定程度的违规使用情况，但仍能保持基本的合规性和合理运作；较差（40%—60%）：项目少部分按照债券资金使用规定进行资金运作和支出，存在明显的违规使用情况，对整体项目的合规性和运作产生较大负面影响；待改进（0—40%）：项目严重违反债券资金使用规定，资金运作和支出存在严重违规行为，对整体项目的合规性和运作造成严重影响，需要立即进行整改。

指标来源：《地方政府专项债券项目资金绩效管理办法》（财预〔2021〕61号）。

②资金拨付和支出进度与项目建设进度匹配情况。

指标解释：项目是否按照专项债券资金使用规定进行资金运作和支出的指标。该指标旨在确保专项债券资金的合规性和有效利用，避免资金滥用或违规使用。

计算方式：从项目拨付和支出与项目建设进度的匹配程度进行评价。

优秀（100%）：资金拨付和支出与项目建设进度完全匹配，资金按计划及时拨付，支出与项目进展保持一致；良好（80%—100%）：资金拨付和支出与项目建设进度较为匹配，大部分资金按计划及时拨付，支出与项目进展基本一致，只存在少量轻微的拖延情况；一般（60%—80%）：资金拨付和支出与项目建设进度部分匹配，存在一定程度的拖延，部分资金未按计划及时拨付，导致项目进展受到一定影响；较差（40%—60%）：资金拨付和支出与项目建设进度不匹配，资金拨付存在明显延迟，支出与项目进展明显脱节，严重影响项目的正常推进；待改进（0—40%）：资金拨付和支出与项目建设进度严重不匹配，资金拨付严重延迟，支出与项目进展严重脱节，导致项目无法正常进行，需要立即进行整改。

指标来源：《地方政府专项债券项目资金绩效管理办法》（财预〔2021〕61号）。

③项目收入、成本及预期收益的合理性。

指标解释：项目收入、成本及预期收益的合理性是评估项目财务可行性和经济效益的指标。该指标关注项目的收入来源、成本投入以及预期获得的收益，旨在确保项目的财务可持续性和经济效益的合理性。

计算方式：从项目收入、成本及预期收益的合理程度进行评价。

优秀（100%）：项目收入来源清晰、多样化，成本投入合理、经济高效，预期收益充分考虑市场需求和可行性，具有较高的经济效益和投资回报；良好（80%—100%）：项目收入来源相对稳定，成本投入合理，预期收益考虑了市场需求和可行性，具有一定的经济效益和投资回报；一般（60%—80%）：项目收入来源有一定风险，成本投入略有不足或超出合理范围，预期收益对市场需求和可行性考虑不充分，经济效益和投资回报较为一般；较差（40%—60%）：项目收入来源存在较大风险，成本投入不合理，预期收益缺乏市场需求和可行性的考虑，经济效益和投资回报较低；待改进

(0—40%)：项目收入来源不确定或存在严重风险，成本投入明显不合理，预期收益缺乏市场需求和可行性的考虑，经济效益和投资回报非常低，需要立即进行整改。

指标来源：《地方政府专项债券项目资金绩效管理办法》（财预〔2021〕61号）。

④项目年度收支平衡或项目全生命周期预期收益与专项债券规模匹配情况。

指标解释：项目年度收支平衡或项目全生命周期预期收益与专项债券规模匹配情况是评估项目资金规模与项目预期收入和支出之间的匹配程度的指标。该指标关注项目的收入和支出平衡情况以及专项债券规模与项目全生命周期预期收益之间的适配性，旨在确保项目资金使用的合理性和可持续性。

计算方式：从项目年度收支平衡或项目全生命周期预期收益与专项债券规模匹配程度进行评价。

优秀（100%）：项目年度收支平衡或项目全生命周期预期收益与专项债券规模完全匹配，资金使用合理，能够确保项目的可持续发展；良好（80%—100%）：项目年度收支基本平衡或项目全生命周期预期收益与专项债券规模较为匹配，资金使用相对合理，能够保证项目的正常运行和发展；一般（60%—80%）：项目年度收支存在一定的不平衡或项目全生命周期预期收益与专项债券规模稍有不匹配，资金使用有一定的风险和不确定性，需要进一步优化和调整；较差（40%—60%）：项目年度收支明显不平衡或项目全生命周期预期收益与专项债券规模存在较大的不匹配，资金使用不合理，存在严重的财务风险和可持续性问题；待改进（0—40%）：项目年度收支严重不平衡或项目全生命周期预期收益与专项债券规模严重不匹配，资金使用非常不合理，无法保证项目的正常运行和发展，需要立即进行整改。

指标来源：《地方政府专项债券项目资金绩效管理办法》（财预〔2021〕61号）。

（2）制度执行有效性。

制度执行有效性主要从专项债券项目信息公开情况进行评价。

指标解释：专项债券项目信息公开情况是评估项目相关信息是否公开透明的指标。该指标关注项目信息的公开度、透明度和及时性，旨在确保公众和利益相关方对项目的了解和监督，并促进项目的合规性和公信力。

计算方式：从专项债项目的公开程度进行评价。

优秀（100%）：项目相关信息全面、及时、透明地公开，包括项目计划、进展、资金使用情况、成果展示等，且公开渠道广泛，公众和利益相关方可以方便获取项目信息；良好（80%—100%）：项目相关信息大部分公开，包括项目计划、进展、资金使用情况等，但可能存在部分信息公开不及时或不全面的情况，需要进一步改进和完善公开机制；一般（60%—80%）：项目相关信息公开程度一般，可能只有部分项目信息公开，且公开的信息不够透明和及时，需要加强公开意识和公开渠道的建设；较差（40%—60%）：项目相关信息公开不充分，仅有少量信息对外公开，公开的信息缺乏透明度和及时性，需要立即进行信息公开的改进和完善；待改进（0—40%）：项目相关信息几乎未公开或公开度极低，无法提供给公众和利益相关方了解项目的机会，需要立即改进和加强信息公开工作。

指标来源：《地方政府专项债券项目资金绩效管理办法》（财预〔2021〕61号）。

3. 项目效益

项目效益主要从社会效益进行评价。

（1）项目支持国家重大区域发展战略情况。

指标解释：信息化项目支持国家重大区域发展战略情况是评估信息化项目与国家重大区域发展战略的契合程度的指标。该指标考察信息化项目是否与国家重大区域发展战略相一致，能否为该地区的经济、社会和环境发展提供支持和推动。

计算方式：从项目支持国家重大区域发展战略的程度来评价。

优秀（100%）：信息化项目紧密配合国家重大区域发展战略，明确支持该战略的目标和方向，能够为该区域的经济、社会和环境发展带来显著推动效应，发挥重要作用；良好（80%—100%）：信息化项目与国家重大区域发展战略基本契合，能够为该区域的经济、社会和环境发展提供积极支持，在一定程度上推动相关领域的发展；一般（60%—80%）：信息化项目对国家重大区域发展战略的契合程度一般，尽管有一定的关联性，但对战略目标的支持程度相对较低，需要进一步加强与战略的对接和协调；较差（40%—60%）：信息化项目与国家重大区域发展战略的契合程度较低，对该区域的经济、社会和环境发展的推动效果有限，需要进行战略定位的改进和调整；待改进（0—40%）：信息化项目与国家重大区域发展战略的契合程度非常低，几乎无法为该区域的经济、社会和环境发展作出任何贡献，需要立即进行战略对接的改进和调整。

指标来源：《地方政府专项债券项目资金绩效管理办法》（财预〔2021〕61号）。

（2）项目带动社会有效投资情况。

指标解释：项目带动社会有效投资情况是评估信息化项目在推动社会有效投资方面的效果的指标。该指标考察项目是否能够吸引和引导社会资本的投资，促进相关行业和领域的发展，实现资金的有效配置和利用。

计算方式：从项目带动社会有效投资的程度来评价。

优秀（100%）：信息化项目能够充分带动社会有效投资，吸引大量社会资本参与项目建设，促进相关行业和领域的投资和发展，实现资金的高效利用和增值；良好（80%—100%）：信息化项目在一定程度上能够带动社会有效投资，吸引部分社会资本参与项目建设，对相关行业和领域的投资和发展产生积极影响，实现资金的有效配置；一般（60%—80%）：信息化项目在带动社会有效投资方面表现一般，吸引的社会资本较少，对相关行业和领域的投资和发展的推动作用有限，需要进一步加强吸引力和影响力；较差（40%—60%）：信息化项目带动社会有效投资的效果较低，很少吸引社会资本参与项目建设，对相关行业和领域的投资和发展影响较小，需要加强项目的吸引力和投资价值；待改进（0—40%）：信息化项目几乎无法带动社会有效投资，缺乏吸引力和影响力，未能促进相关行业和领域的投资和发展，需要立即进行改进和调整。

指标来源：《地方政府专项债券项目资金绩效管理办法》（财预〔2021〕61号）。

本节构建了一个反映政府债券资金特性的信息化项目绩效指标体系，从决策、管理、产出和绩效四个方面进行了详细分析。这个绩效指标体系有助于政府在决策和管理过程中，更有效地监控和调整资金投入，提高政府债券资金在信息化项目中的使用效果。同时，这些指标也为相关部门和企业提供了一个参考框架，有助于更好地开展自我评估和持续改进。

随着信息化产业的持续发展，政府债券资金在支持信息化项目方面的作用将越发显著。通过建立完善的绩效指标体系，有助于优化政府债券资金的使用，提升信息化项目的整体效益。同时，未来还可以进一步研究政府债券资金在信息化项目中的优化配置策略，以期为政府提供更为科学、合理的决策依据。

三、典型案例分析

（一）项目背景

某省政府为推动经济转型升级、提高公共服务水平，决定通过发行债券筹措资金，支持信息化项目的建设。其中，信息化建设主要包括以下方面：政务信息化、数字城市建设、电子商务、数字农业等。此举不仅有助于推进信息化与现代化的融合，还能够提升政府的服务水平、降低社会成本，推动区域经济的发展。

（二）项目目标

该项目的主要目标包括以下3个方面：

（1）改善公共服务。通过推进政务信息化、数字城市建设等方面的建设，提升政府公共服务的水平和效率，为群众提供更加便捷高效的服务。

（2）促进数字经济发展。通过数字城市建设、电子商务等方面的建设，促进数字经济的发展，推动经济的转型升级。

（3）提高政府效能。通过推进政务信息化等方面的建设，提高政府效能，降低社会成本，增强政府的治理能力。

（三）实施过程

该项目的实施过程主要包括以下4个阶段：

（1）立项阶段。该阶段主要是由政府相关部门组织编制项目方案，明确项目目标、建设内容、投资规模等。

（2）筹资阶段。该阶段主要是政府通过发行债券等方式筹措资金，为项目的后续实施提供资金保障。

（3）建设阶段。该阶段主要是各个建设单位按照项目方案的要求，开展具体的建设工作。在该阶段中，政府相关部门也需要对项目的进展情况进行跟踪和监管，确保项目按时按质量完成。

（4）运营阶段。该阶段主要是将已建成的项目投入使用，并进行后续的运营和维护工作，以确保项目能够持续稳定地发挥作用。

（四）成果及影响

一是通过该项目的建设，取得了以下4个方面的成果。

（1）政务信息化成效显著。政府各部门通过信息化建设，提高了信息共享和协同办公的水平，提高了工作效率和质量，降低了成本。

（2）数字城市建设有新进展。数字城市建设的各项指标均有明显提升，包括智能交通、智慧城市管理、智慧社区建设等方面。

（3）电子商务促进经济发展。电子商务的发展促进了线上线下经济的融合，打破了传统的地域限制，提升了商业活动的效率。

（4）数字农业有新发展。农业信息化建设方面也取得了新的进展，为农业生产和管理提供了更多的数字化解决方案，提高了农业生产的效率和质量。

二是通过该项目的建设，对当地的经济、社会产生了积极的影响。

（1）经济发展。信息化建设的不断深入，为经济的快速发展提供了有力的支撑。其中，数字经济的发展更是成为当地经济发展的新引擎。

（2）社会服务水平提升。政务信息化的推进，大大提高了政府服务的质量和效率。数字城市建设、电子商务等方面的建设也为群众提供了更多便利的服务。

（3）社会成本降低。通过信息化建设，提高了工作效率和质量，降低了社会成本，提升了企业和个人的收益。

（五）指标体系

为了对该项目进行绩效评价，我们需要建立一个合理的指标体系。针对该项目，我们可以建立如下指标体系：

（1）政务信息化指标。包括政务服务的响应速度、办事效率、信息公开度、政务数据的共享度等。

（2）数字城市建设指标。包括智能交通的改善情况、智慧城市管理水平、智慧社区建设成果等。

（3）电子商务指标。包括电商平台的使用率、线上交易额、跨境电商的发展情况等。

（4）数字农业指标。包括数字化农业生产的覆盖面、数字农业技术应用水平、数字农业服务水平等。

（5）经济发展指标。包括GDP增长率、数字经济的贡献率、新兴产业的发展情况等。

（6）社会服务指标。包括政府服务的满意度、公共服务的覆盖面、服务质量等。

（7）社会成本指标。包括信息化建设的投入产出比、社会成本的降低程度等。

（8）战略目标指标。包括信息化建设对于实现政府战略目标的贡献情况、建设成果的可持续发展程度等。

以上指标体系涵盖了该项目建设的各个方面，能够全面客观地反映出该项目的建设成果和对当地经济社会的影响。在绩效评价的过程中，可以对每个指标进行权重分配和评分，从而得出该项目的总体评价。

（六）结论

通过对某省政府债券资金支持信息化项目的典型案例分析，我们可以看出该项目对当地的经济、社会产生了积极的影响，并且取得了显著的建设成果。同时，本节还建立了一个指标体系，以便于后续的绩效评价。该指标体系覆盖了该项目建设的各个方面，能够全面客观地反映出该项目的建设成果和对当地经济社会的影响。在实际绩效评价的过程中，可以根据具体情况对指标进行调整和细化，以适应不同的评价需求。

第四节 政府投资基金

政府投资基金资金作为信息化项目的重要资金来源之一，对项目绩效的评价具有重要意义。本节将重点探讨政府投资基金资金支持下信息化项目的绩效评价指标的开发和应用，以及资金特性对项目绩效的影响因素。通过案例分析和理论研究，旨在提供科学的绩效评价方法和管理策略，促进政府投资基金在信息化项目中的有效配置和使用，实现项目绩效的优化和提升。

一、政府投资基金资金支持信息化项目特点

（一）政策导向

政府投资基金对信息化项目的支持通常是根据国家战略和政策导向进行的，以推动国家重点发展领域和战略性新兴产业的发展。

（二）风险分担

政府投资基金承担部分信息化项目的风险，降低企业和其他投资者的风险承担，有利于鼓励更多的社会资本投入信息化项目。

（三）引导作用

政府投资基金对信息化项目的支持具有一定的引导作用，可以引导社会资本更多地投向信息化产业，促进信息化产业的快速发展。

（四）市场化运作

政府投资基金支持信息化项目通常采取市场化的运作方式，包括股权投资、债券投资等多种形式，有利于提高资金使用效率。

（五）深度参与

政府投资基金通常会对所投资的信息化项目进行深度参与，包括项目决策、运营管理、技术研发等方面，以提高项目的成功率和绩效。

（六）成果共享

政府投资基金支持信息化项目的成果通常会与其他投资者共享，包括企业、科研机构、高校等，有利于促进各方面的技术创新和产业发展。

（七）激励机制

政府投资基金支持信息化项目通常会设定一定的激励机制，以鼓励企业更多地投入研发和创新，提高信息化产业的竞争力。

（八）可持续发展

政府投资基金支持信息化项目关注项目的可持续发展，注重环境保护、资源节约、公平竞争等方面，以实现经济、社会和环境的协调发展。

总之，政府投资基金在支持信息化项目方面具有明显的政策导向、风险分担、引导作用等特点，有利于推动信息化产业的发展和创新。同时，政府投资基金也需要不断优化投资策略和管理模式，以提高资金使用效益和项目绩效。

二、反映资金特性的关键绩效指标

政府投资基金是指政府为了促进经济发展而设立的基金，其主要目的是通过对优秀项目的投资来推动相关领域的发展。在信息化领域中，政府投资基金可以用来支持各种信息化项目，如电子政务、智慧城市、云计算等。为了确保这些项目能够顺利进行并取得良好的效果，需要进行如下的指标分析。

（一）决策类

1. 项目立项

（1）指标名称：政策匹配度。

评判方式：专家评判项目的政策与组织或资金用途的要求是否完全一致，是否存在任何偏差或冲突。

指标解释：该指标评估项目是否符合国家政策导向、信息化行业发展趋势以及实际需求，以确保政府投资基金的有效使用。

指标来源：《政府性基金管理暂行办法》（财综〔2010〕80号）。

(2) 指标名称：项目筛选和评估。

评判方式：评估结果表明政府投资基金在项目筛选和评估过程中是否高度有效，是否能够确保投资项目的质量和符合性，是否存在重大缺陷或问题。

指标解释：该指标评估政府投资基金在项目筛选和评估过程中的有效性，确保投资项目的质量和符合性。

指标来源：《政府性基金管理暂行办法》（财综〔2010〕80号）。

2. 资金投入

指标名称：资金筹措比例。

评判方式：评估政府投资基金在项目总投资中占比较高，体现出政府的积极支持和重要贡献，对项目的资金筹措起到了关键作用。

指标解释：该指标评估政府投资基金在项目总投资中所占的比例，体现政府投资基金的支持力度。

指标来源：《政府性基金管理暂行办法》（财综〔2010〕80号）。

（二）管理类

管理类项目主要从组织实施进行评价。

(1) 指标名称：信息报告披露指标。

评判方式：基金是否按照规定的时间表准时发布定期报告，并提供全面、详尽的信息，包括投资组合、业绩数据、费用信息等。

指标解释：该指标评估基金在信息披露方面的表现和透明度。包括但不限于以下内容：定期报告的准时性和完整性。投资组合信息的披露，包括持仓、交易和风险信息。对投资者提供的信息请求的及时响应和反馈。对关键事项和重大风险得及时披露。指标评估政府投资基金在项目总投资中所占的比例，体现政府投资基金的支持力度。

指标来源：《政府性基金管理暂行办法》（财综〔2010〕80号）。

(2) 指标名称：资金安全管理指标。

评判方式：项目是否按照相关法规和政策规定使用资金，严格遵循预算程序和审批要求，确保资金使用合规、规范、透明。

指标解释：该指标评估基金在信息披露方面的表现和透明度。包括但不限于以下内容：定期报告的准时性和完整性。投资组合信息的披露，包括持仓、交易和风险信息。对投资者提供的信息请求的及时响应和反馈。对关键事项和重大风险的及时披露。

指标来源：《政府性基金管理暂行办法》（财综〔2010〕80号）。

(3) 指标名称：专业管理指标。

评判方式：在该指标上表现是否出色，是否符合最佳实践和行业标准。

指标解释：该指标基金通过创业投资基金和直接投资企业在基金募、投、管、退等各环节的风险管理情况。

指标来源：《政府性基金管理暂行办法》（财综〔2010〕80号）。

(4) 指标名称：基金投向指标。

评判方式：基金在资金运作中是否高比例地投向信息化行业领域，是否具有广泛的投资覆盖和丰富的投资项目，是否充分发挥了基金在信息化行业的推动作用。

指标解释：基金投向信息化行业领域情况。

指标来源：《政府性基金管理暂行办法》（财综〔2010〕80号）。

(5) 指标名称：行业发展指标。

评判方式：基金通过投资信息化行业，在行业发展方面是否取得了显著成效。行业规模是否显著扩大，技术创新能力是否增强，是否成功推动了行业的产业升级和转型升级。

指标解释：基金通过投资信息化行业，对行业发展起到了推动作用，包括行业规模扩大、技术创新、产业升级等方面。

指标来源：《政府性基金管理暂行办法》（财综〔2010〕80号）。

（三）产出类

1. 产出质量

质量达标率。项目完成的质量达标产出数与实际产出数的比率，用以反映和考核项目产出质量目标的实现程度。

质量达标率 =（质量达标产出数/实际产出数）×100%。

质量达标产出数：一定时期（本年度或项目期）内实际达到既定质量标准的产品或服务数量。既定质量标准是指项目实施单位设立绩效目标时依据计划标准、行业标准、历史标准或其他标准而设定的绩效指标值。

2. 产出时效

完成及时性。项目实际完成时间与计划完成时间的比较，用以反映和考核项目产出时效目标的实现程度。

实际完成时间：项目实施单位完成该项目实际所耗用的时间。

计划完成时间：按照项目实施计划或相关规定完成该项目所需的时间。

3. 产出成本

成本节约率。完成项目计划工作目标的实际节约成本与计划成本的比率,用以反映和考核项目的成本节约程度。

成本节约率 = [(计划成本 – 实际成本)/计划成本] × 100%。

实际成本:项目实施单位如期、保质、保量完成既定工作目标实际所耗费的支出。

计划成本:项目实施单位为完成工作目标计划安排的支出,一般以项目预算为参考。

(四) 效益类

1. 实施效益

项目实施所产生的效益。项目实施所产生的社会效益、经济效益、生态效益、可持续影响等。可根据项目实际情况有选择地设置和细化。

(1) 指标名称:杠杆效益指标。

评判方式:政府投资基金在吸引社会资本投入信息化项目方面是否表现出色。是否通过政府资金的引导和撬动作用,成功吸引了大量的社会资本投入信息化项目,形成了较高的杠杆效益。

指标解释:评估政府投资基金在吸引社会资本投入信息化项目方面的效果,体现政府资金的引导和撬动作用。

指标来源:《政府性基金管理暂行办法》(财综〔2010〕80号)。

(2) 指标名称:信息化设备利用率。

评判方式:信息化设备实际使用的时间与计划使用时间的比率,评估设备在项目实施后的使用情况。

计算方式:信息化设备利用率 = (设备实际使用时间/设备计划使用时间) × 100%。

指标解释:该指标用于衡量信息化项目中投入的设备(如服务器、网络设备等)的使用效率,确保设备资源得到了充分利用。

指标来源:项目设备使用记录和计划书。

(3) 指标名称:数据处理效率提升率。

评判方式:项目实施前后,单位时间内数据处理量的增长百分比。

计算方式:数据处理效率提升率 = [(项目后单位时间数据处理量 – 项目前单位时间数据处理量)/项目前单位时间数据处理量] × 100%。

指标解释:该指标衡量信息化项目实施后,数据处理效率的提升情况,反映项目对提升业务处理速度和效率的贡献。

指标来源：项目前后的数据处理记录。

（4）指标名称：用户在线服务响应时间改善率。

评判方式：项目实施前后，用户在线请求的平均响应时间的改善率。

计算方式：用户在线服务响应时间改善率 =［(项目前平均响应时间 − 项目后平均响应时间)/项目前平均响应时间］×100%。

指标解释：该指标衡量信息化项目对在线服务响应速度的提升效果，用户响应时间的缩短是提高用户满意度的重要因素。

指标来源：系统日志和用户服务请求记录。

2. 满意度

社会公众或服务对象对项目实施效果的满意程度。社会公众或服务对象是指因该项目实施而受到影响的部门（单位）、群体或个人。一般采取社会调查的方式。

指标名称：用户满意度。

计算方式：用户满意度 =（非常满意用户数 + 满意用户数）/总用户数 ×100%。

指标解释：该指标衡量了项目实施后用户对服务的满意程度，是评估项目社会效益的重要指标之一。通过问卷调查、用户反馈等方式收集数据。

指标来源：根据项目实际情况和行业标准自行设定。

标准值：大于等于。

三、典型案例

（一）项目背景

某省政府为支持该省电子商务的发展，投资设立了"电子商务发展专项资金"，以推动电子商务产业的发展。本案例分析的时间范围为2019—2021年，着重从政府投资基金的申请、立项、拨款、执行、验收、监管等环节，对政府投资基金支持信息化项目的绩效进行评价。

（二）案例分析

1. 项目申请和立项

为确保资金的有效投入，项目申请和立项环节对项目的成功至关重要。政府通过设定严格的申报条件和审核流程，确保所支持的项目具有很高的技术含量、市场前景和社会效益。在本案例中，政府通过广泛宣传、优化政策、降低准入门槛等措施，鼓励各类电子商务企业积极申报，最终共有 200 个项目获得资助。

2. 资金拨款

资金拨款环节是政府投资基金绩效评价的关键环节，涉及资金的投放、使用效率和效果。在本案例中，政府根据项目的实际情况，分批次拨付资金。项目按进度、按阶段、按年度拨付，拨付资金总额达到了预期目标。

3. 项目执行

项目执行环节直接关系到政府投资基金的使用效果。在本案例中，政府通过对项目进行实时监控、督促企业及时调整项目计划，确保项目按照计划进行。通过项目执行，发现企业在信息化建设、技术研发和市场推广等方面取得了显著成果。

4. 项目验收

项目验收环节对政府投资基金的绩效评价具有决定性作用。在本案例中，政府组织了专家团队对项目进行了严格的验收评审，评审过程公正、公开、公平，确保项目达到预期目标。经过验收，发现 200 个项目中有 185 个项目达到了预期的技术指标和产值，成功率达到 92.5%，表明政府投资基金在电子商务领域的支持取得了显著成果。

5. 项目监管

政府投资基金的监管环节关系到资金的安全和使用效果。在本案例中，政府在项目执行过程中，建立了一套完善的监管制度和措施，包括定期检查、巡查、问责等。通过强化监管，防止了资金被挪用、浪费和滥用的现象，确保资金的安全和高效使用。

（三）案例总结与启示

从本案例分析可以看出，政府投资基金在推动电子商务产业发展方面发挥了积极作用。资金的投入有效促进了电子商务企业的技术研发和市场推广，提高了企业的核心竞争力，促进了产业结构的优化升级。

在政府投资基金支持信息化项目的过程中，政府应当加强对项目申报、立项、拨款、执行、验收、监管等环节的管理，确保资金的有效投入和高效使用。

政府投资基金支持信息化项目的绩效评价，应当关注项目的技术含量、市场前景和社会效益等方面，建立一套科学、合理、客观的评价指标体系，以提高政府投资基金的使用效果。

政府投资基金支持信息化项目的过程中，应当加强与企业的沟通与合作，鼓励企业积极参与政策制定和项目申报，促进政策与市场需求的有效对接。

政府应当继续加大对信息化产业的支持力度，通过政府投资基金等方式，推动产业技术创新和市场拓展，为国家经济社会发展提供强大动力。

通过本案例的分析，我们可以看到政府投资基金在支持信息化项目方面的重要作用，以及如何提高政府投资基金绩效评价水平的关键因素。希望本研究能为政府投资基金绩效评价体系的建设提供有益的参考。

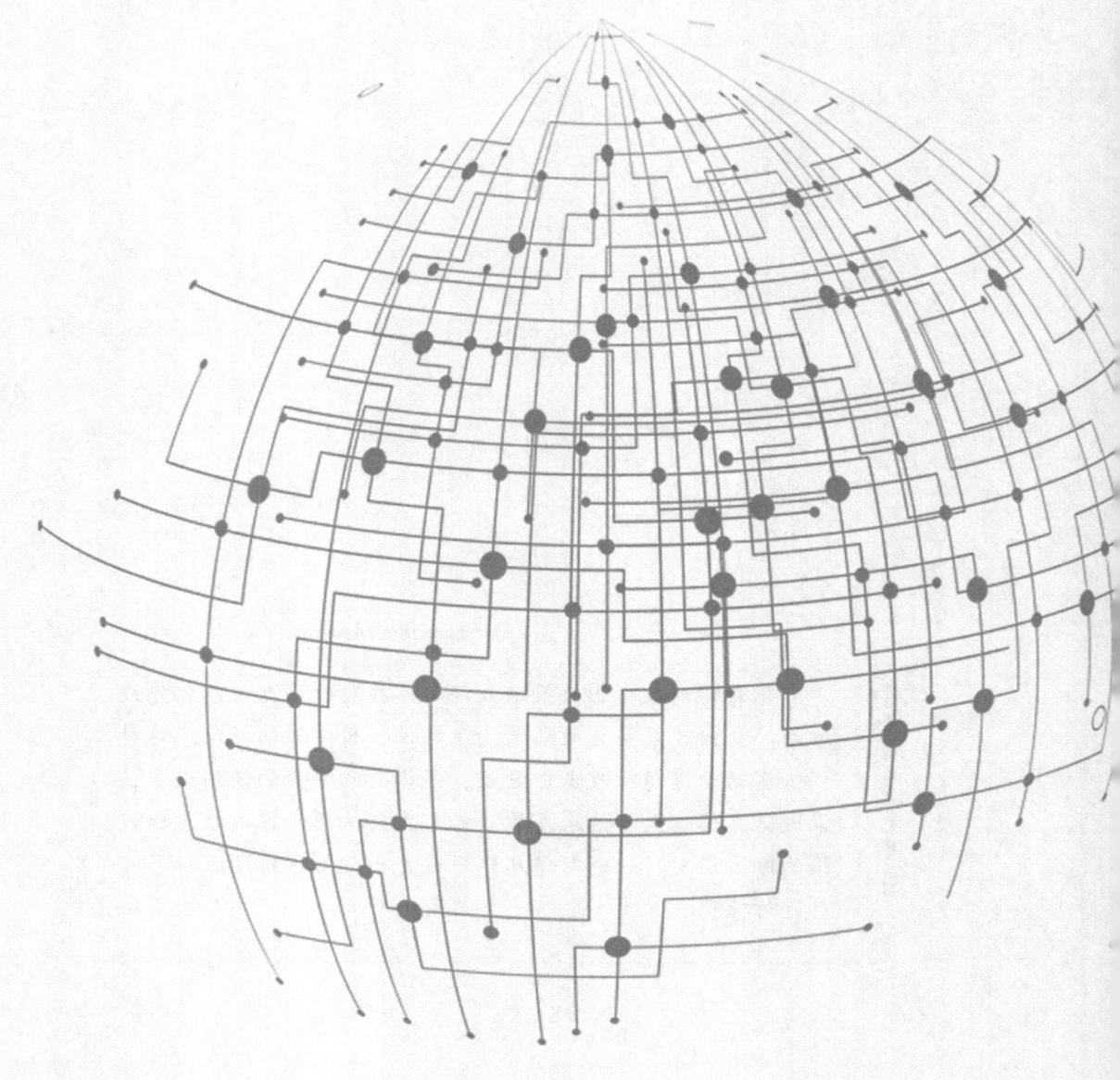

/ 第六章 /

信息化财政支出政策绩效评价指标

● 第六章　信息化财政支出政策绩效评价指标

　　信息化财政支出政策绩效评价是指对政府在信息化建设方面的支出政策实施效果进行系统性、科学性的评价。这种评价有助于提高财政支出效益，强化财政资金的使用效率，促进信息化建设的健康发展。本章主要从信息化财政支出政策的概述出发，分别对信息化财政支出政策评价的目标和指标进行梳理。

第一节 信息化财政支出政策概述

信息化财政支出政策是政府为推动信息技术发展、提升国家竞争力而实施的一系列财政支出安排措施。其主要功能体现在促进信息技术产业发展、提高公共服务效率、优化资源配置等方面。具体类型包括基础设施建设投资、产业创新扶持、人才培养等多种形式,以实现国家信息化发展目标。

一、信息化财政支出政策

财政支出政策是财政政策的组成部分,是实现财政政策目标的重要手段。财政支出政策是指通过政府预算支出的增减及财政赤字的增减影响总需求。财政支出政策运用的方式多种多样,包括财政直接支出政策和间接支出政策。例如,政府拨款、政府采购等属于财政直接支出政策范畴,财政担保、财政资助等属于财政间接支出政策范畴。

(一)"十四五"时期政策规划

"十四五"时期,信息化进入加快数字化发展、建设数字中国的新阶段。习近平总书记强调,没有信息化就没有现代化。中央网信办、国家发改委于2021年12月27日正式发布了《"十四五"国家信息化规划》,该《规划》根据"十四五"规划纲要中的主要目标和重点内容,把基础能力、战略前沿、民生保障等摆在了优先位置,确定了10项优先行动。一是围绕提升数字化发展基础能力,从推动全面数字化转型角度出发,部署了全民数字素养与技能提升、企业数字能力提升、前沿数字技术突破3个优先行动。二是围绕服务国家重大战略,即服务构建新发展格局、提升国家治理能力、全面推进乡村振兴、助力实现碳达峰碳中和目标等,部署了数字贸易开放合作、基层智慧治理能力提升、数字乡村发展、绿色智慧生态文明建设4个优先行动。三是围绕提升公共服务水平,结合常态化疫情防控需求,积极推进信息普惠服务,部署了数字普惠金融服务、公共卫生应急数字化建设、智慧养老服务拓展3个优先行动。

《"十四五"国家信息化发展规划》提出,要加快财政信息化和数字化转型,推动数字经济、信息技术与金融服务深度融合。在信息化财政支出政策方面,该《规划》要求按照国家统一要求加强预算管理,优化财税管理服务流程,提升数据管理和应用能力,并注重加强信息化安全保障。同时，要强化信息化财政管理的人才建设和培养，提高信息化普及率和应用水平，加强与各行业部门的合作，建设数字化、智能化、高效化的财政管理服务体系。

（二）2022 年后政策规划

《2022 年中国财政政策执行情况报告》提出了支持信息化建设的政策措施，包括加大信息技术和数字经济领域基础设施建设投入，推进数字化转型升级，加大对新一代信息技术发展的支持力度，加强数据安全保护等。2022 年，通过优化财政支出结构，重点保障了党中央、国务院决策部署的重大政策、重要改革和纳入国家"十四五"规划的重点项目，加大了重点领域的支持力度。2023 年财政政策展望，加强财政资源统筹，保持必要支出强度。统筹宏观调控需要和防范财政风险，加大财政资金统筹力度，优化组合财政赤字、专项债、贴息等工具，集中财力办大事，在打基础、利长远、补短板、调结构上加大投资，为落实国家重大战略任务提供财力保障。紧紧围绕贯彻落实党中央、国务院重大决策部署，更直接更有效地发挥积极财政政策作用，并加强与货币、就业、产业、科技、社会政策协调配合，形成共促高质量发展合力。（摘自：《2022 年中国财政政策执行情况报告》）

（三）财政是国家治理的基础和重要支柱

"十四五"时期，财政部坚持以政领财、以财辅政，系统谋划财政发展新思路、新举措，加快建立现代财税体制，积极发挥财政职能作用，围绕"收、支、管、调、防"5 个方面下工夫，切实保障"十四五"重大战略和重点任务落到实处、取得实效。在支出方面，重点是在保持合理支出强度的同时，做到有保有压、突出重点。一方面，大力优化支出结构。继续坚持政府过紧日子，加强对欠发达地区、困难地区和基层的保障。另一方面，聚焦构建新发展格局持续发力。支持科技自立自强，加大财政科技投入，推动产业结构优化升级，培育完整内需体系，促进经济循环畅通，等等。（摘自：《"十四五"财政如何发力"收支管调防"》——贯彻落实"十四五"规划纲要加快建立现代财税体制新闻发布会综述）

二、信息化财政支出政策的功能

（一）促进政府信息化建设

信息化财政支出政策可以通过投入资金，支持政府信息化建设。政府信息化建设包括政府信息化设施建设和信息化人才培养等方面，可以提高政府的管理和服务效率。

（二）推动经济发展

信息化财政支出政策可以支持数字经济的发展和数字化转型，推动经济的转型升级。同时也可以支持电子商务等新经济业态的发展，促进产业升级和创新发展。

（三）提高社会公共服务水平

信息化财政支出政策可以投入资金，推动社会公共服务的数字化、网络化和智能化发展。例如，可以建设数字医疗、数字政务、数字教育等平台，提高社会公共服务的质量和效率。

（四）改善人民生活质量

信息化财政支出政策可以投入资金，支持数字社会建设，提高人民的生活质量，促进数字包容和数字平等。例如，可以推动数字文化建设，建设数字博物馆、数字图书馆等，提供更好的文化服务。

三、信息化财政支出政策的类型

（1）依据财政支出政策形成或产生的是一定的社会价值观念、社会价值判断还是一定的公共产品、公共服务，可分为价值型财政支出政策绩效评价和事实型财政支出政策绩效评价。

（2）依据财政支出政策的执行主体不同，可分为中央层面财政支出政策绩效评价和地方层面财政支出政策绩效评价。

（3）依据财政支出政策在整个公共政策制定、执行过程中发挥作用的重要程度，可分为主导型财政支出政策绩效评价和辅助型财政支出政策绩效评价。

（4）依据公共政策制定和执行过程中财政资金投入不同，可分为直接财政支出政策绩效评价和间接财政支出政策绩效评价。

（5）根据财政支出政策不同环节或不同时期开展绩效评价，可分为事前财政支出政策绩效评价、事中财政支出政策绩效评价和事后财政支出政策绩效评价。

（6）根据财政支出政策实施执行的连续性，即财政支出政策是长期实施执行还是只在某一个时期或阶段实施执行，可分为延续性财政支出政策绩效评价和阶段性财政支出政策绩效评价。

第二节 信息化财政支出政策评价的目标

财政支出政策绩效评价服务于财政管理，立足于合理优化配置财政资源、满足财政预算管理需求，通过评价财政支出政策决策的公正性、规范性和政策执行的有效性，检验政策资金分配和使用的经济性、效率性、效益性和公平性，反思政策本身的必要性和合理性，对政策修订完善、清理整合、组织实施和资金分配使用提出优化建议，为有关部门提供重要决策参考依据。

评价目标可以归纳为3个方面：

一是通过梳理财政支出政策的出台背景、政策依据、决策过程和政策目标，对政策决策程序的规范性、政策内容的完整性、政策目标的合理性进行分析，发现政策决策中存在的问题，对优化政策决策程序、调整完善政策内容和政策目标提出客观建议。

二是通过回顾财政支出政策执行过程，对政策管理要素展开分析，就政策管理规范性和执行有效性进行判断，总结政策执行过程中的经验做法，发现在相关配套政策制定、组织实施与资金管理中存在的问题和薄弱环节，有针对性地提出改进政策执行和项目管理的建议。

三是通过考察政策资金分配、使用的实际情况，反映预期政策绩效目标的实现程度，对财政政策资金分配的公平性和合理性，政策资金使用的经济性、效率性、效益性和公平性进行客观分析，结合政策受益者满意度调查，就政策实施是否总体有效或阶段性有效作出总体判断，从而为政策终结或延续提供决策参考依据。

第三节 信息化财政支出政策评价指标

在评估政策效果时，信息化财政支出政策评价指标大致可以分为一般性指标和个性指标两大类。一般性指标适用于各种政策、项目或组织，专注于基本的效率和效果。相比之下，个性指标是针对特定政策或项目的特性制定的，直接与该政策或项目的特定目标和预期结果相关。信息化财政支出政策评价一般性指标包括政策设计类关键绩效指标、政策执行类关键绩效指标、政策产出类关键绩效指标、政策效益类关键绩效指标、政策成本类关键绩效指标。

一、政策设计关键绩效指标

1. 政策设立

指标定义：财政支出政策项目间的协同程度。

指标性质：政策间的配合程度、政策之间的冲突情况、跨部门（区域）跨合作程度。

指标解释：主要评价政策涉及同类项目之间制度建立是否存在缺陷，是否统筹协同、互为补充，是否存在交叉重复的情况。

2. 政策匹配

指标定义：财政支出政策绩效目标的匹配度。

指标性质：目标设定的准确性、计划与实际进度的匹配程度、实现目标所需资源的支持度。

指标解释：从需求视角看，评价支出政策目标与受益地区发展需求和战略规划是否一致；从供给视角看，评价支出政策目标与地方政府、行业发展战略重点是否一致。

3. 政策设计匹配度

指标定义：财政支出政策设计的匹配程度。

指标性质：政策设计与实际情况的匹配程度、政策设计与预期成效的匹配程度、政策设计与执行机制的匹配度。

指标解释：主要评价财政支出政策顶层设计与政策实践和产出效益能否达到预期目标，倘若存在其他同类方案或者更为科学合理的替代设计，就表示政策顶层设计的相关程度不高。

4. 政策公平性

指标定义：财政支出政策公平性。

指标性质：政策公平性评估、政策反腐倡廉程度、政策是否考虑了弱势群体的利益。

指标解释：政策设计需要考虑到公平、公正等问题，避免政策对某些群体或利益集团的不利影响。政策公正性的评估需考虑到政策制定的程序是否公开透明、有没有听取各方面意见、政策内容是否符合法律法规等方面的问题。

二、政策执行关键绩效指标

政策执行主要考虑财政支出政策执行过程是否规范、政策实施对象是否精准、政策调整是否及时、项目间执行机制是否同向等。

1. 政策相关管理制度

指标定义：对政策相关管理制度完备情况的评价。

指标性质：

（1）制度实施是否完善：项目和资金管理制度是否健全。

（2）法律法规合规性：相关制度是否存在违法漏洞和缺陷，制度执行与实际贴合程度。

指标解释：对政策相关管理制度完备情况的评价，主要查看制度实施有无健全完善的项目、资金管理制度，相关制度是否存在违背法律法规的漏洞和缺陷，制度执行是否切合实际等。

2. 政策支持对象识别

指标定义：政策支持对象识别精准程度的评价。

指标性质：支持对象间的协调衔接程度、政策目标与支持对象的精准契合程度、是否出现偏离预期的情况。

指标解释：对政策支持对象识别精准程度的评价，主要查看政策相关项目间支持对象是否协调衔接，是否与政策目标精准契合，有无出现偏离预期的情况。

3. 政策执行过程动态调整

指标定义：对政策执行过程中动态调整情况的评价。

指标性质：政策制度是否能根据实际情况及时调整、动态调整的时效性、准确性、合理性和可行性。

指标解释：对政策执行过程中动态调整情况的评价，主要查看政策制度是否根据实际情况发生变化而及时调整，动态调整是否及时准确、合理可行。

4. 政策相关项目执行机制

指标定义：对政策相关项目间执行机制情况的评价。

指标性质：管理方式方法是否同向、是否存在明显相悖的情况、同类项目资金分配方式、管理制度等差异是否导致政策执行偏差。

指标解释：对政策相关项目间执行机制情况的评价，主要查看政策相关项目实施过程中管理方式方法是否同向，是否存在明显相悖的情况，如同类项目资金分配方式、管理制度等差异明显导致政策执行偏差。

三、政策产出关键绩效指标

政策产出类关键绩效指标主要考虑财政支出政策绩效目标的实现程度。实质上是衡量财政支出政策实际产出和成果与预期产出和成果的差异，同时探寻造成此种差异的根本由来。鉴于财政支出政策可能涉及多个预期目标，评价效果应根据以下 4 个方面评价关键指标。

1. 数量绩效

指标性质：完成的项目数、完成的服务次数、实现的目标数量。

指标解释：衡量政策产出的数量，如完成的项目数、服务的人数等。

2. 质量绩效

指标性质：服务的质量、产品的质量、完成项目的质量。

指标解释：衡量政策产出的质量，如服务的质量、产品的质量等。

3. 成本绩效

指标性质：每个项目或服务的成本、资金使用效率、节约程度。

指标解释：衡量政策产出的成本，如每个项目或服务的成本等。

4. 时效绩效

指标性质：完成项目或提供服务的时间、项目或服务的及时性、时间利用效率。

指标解释：衡量政策产出的速度和及时性，如完成项目或提供服务的时间等。

四、政策效益关键绩效指标

（一）财政支出政策效果

指标定义：财政支出政策效果评估。

指标性质：政策对社会的影响、政策对经济的影响、政策对环境的影响。

指标解释：该指标评价政策实际产生的效果，包括社会、经济、生态等方面的影响。通过实地调研、数据分析等方式，评估政策是否达到预期目标，以及评估其对相关领域的改善和促进作用。

1. 经济效益

指标性质：增长率、就业率、投资回报率、减少成本、增加收入。

指标解释：政策实施对经济发展所带来的直接或间接影响情况。评价工程项目确定的履行政务职能、维护经济运行秩序的目标实现程度。例如，税收应收尽收率提升水平。

2. 环境效益（生态效应）

指标性质：减少污染、节约能源、保护自然资源、减少废物和排放物。

指标解释：政策实施对生态环境所带来的直接或间接影响情况。

3. 社会效益

指标性质：提高生活质量、提高社会公正性、改善健康状况、增加社会联系。

指标解释：主要考虑财政支出政策的公共属性，财政支出政策本质上是公共支出的具体体现，其最终目的还是促进社会和谐发展，让社会公众、受益方能在一定条件下公平享受政策福利和机会均等。主要从三个层面看：一是对于投资方和管理方，各相关主体能否拥有同等渠道和机会获取信息、咨询服务和管理决策。二是受益者群体是否有公开渠道获得有关财政支出政策的信息，并对相关政策的规划计划、实施方案、管理制度等提出建议意见。三是对潜在的财政支出政策受益群体而言，是否有权利获得相同的或者类似的政策支持或财政资源，财政支出政策在特定区域或者特定范围内能否兼顾大多数的弱势群体。

项目实施对社会发展所带来的直接或间接影响情况。评价工程项目确定的履行政务职能、维护社会运行秩序的目标实现程度；如安全生产事故发生频度降低的情况。评价工程项目对多样化、个性化公众需求的适应程度；如在创新基本公共服务模式、提升信息化惠民便民利民水平方面，提供公共服务产品多样化程度。

4. 满意度

指标性质：①利益相关者满意度；②用户满意度；③员工满意度。

指标解释：社会公众或服务对象等利益相关方对政策实施效果的满意程度。

（二）政策可持续性

指标定义：政策可持续性。

指标性质：政策后续维护的成本、政策对环境的长期影响、政策对社会的长期影响。

指标解释：主要考虑财政支出政策实施和产出随着时间的推移是否能够持续产生预期社会效益，在社会环境产生一定变化的背景下政策的可容性和操作性是否充分。

一方面，评价财政支出政策的效益在财政投入完成后的延续情况。重点关注政策在相关制度环境与财务管理方面的持续性。如果财政支出政策合法性、财务管理水平等不能有效保障，则政策的产出效益难以延续。

另一方面，财政支出政策能够长期、持续获得产出效益的可能性，或者净收益具有随时间推移的风险弹性。简而言之，财政支出政策面对各种市场风险、技术风险、管理风险等仍然能够实现或者保持预期产出效益。

五、政策成本关键绩效指标

政策成本关键绩效指标主要考虑财政支出政策是否用最低的成本实现政策预期绩效目标。

指标定义：政策实现成本测算。

指标性质：实现政策所需的人力成本、实现政策所需的物质成本、实现政策所需的财务成本。

指标解释：政策实现过程中的成本与效益是进行政策设计和决策的重要考虑因素之一。因此，需要评估政策实施的成本，包括人力、物力、财力等方面，以确定政策实施的合理性和可行性。

从以下五个方面进行评价：

1. 实施成本

指标性质：政策制定和实施的总成本、人力和物力成本、管理和监督成本。

指标解释：实施成本是指政策制定和实施的总成本，包括人力和物力成本，以及管理成本和监督成本。这些成本包括政策制定的时间和费用、政策实施的人力资源和物力资源、政策实施的管理成本和监督成本等。实施成本是政策成本类关键绩效指标中最基本和最重要的一个指标。

2. 维护成本

指标性质：政策维护和更新的成本、监督和执行成本。

指标解释：维护成本是指政策维护和更新的成本，包括监督和执行成本。政策实施后需要对其进行维护和更新，以确保其持续有效。维护成本包括政策监督、执行、检查和更新的成本等。

3. 监测和评估成本

指标性质：政策效果监测和评估的成本、数据收集和分析成本。

指标解释：监测和评估成本是指政策效果监测和评估的成本，包括数据收集和分析成本等。政策监测和评估是确保政策实施效果的关键环节，需要投入一定的资源和时间来收集、整理、分析和解释数据。

4. 外部成本

指标性质：对其他政策、行业或利益相关者的影响、潜在的负面影响。

指标解释：外部成本是指政策实施对其他政策、行业或利益相关者的影响，以及潜在的负面影响。政策实施可能会对其他政策、行业或利益相关者产生积极或消极的影响，需要考虑这些外部成本对政策实施的影响。

5. 资源利用效率

指标性质：资源使用效率和节约成本、资源再利用和循环成本。

指标解释：资源利用效率是指政策实施过程中的资源使用效率和节约成本，以及资源再利用和循环成本。政策实施需要消耗一定的资源，因此需要考虑如何提高资源利用效率、节约成本、减少浪费，以及如何回收和再利用资源，以减少环境污染和资源浪费。

第四节 案例与借鉴

案例一：印度尼西亚的电子政务政策

2014年，印度尼西亚政府实施了一项电子政务政策，目标是提高政府服务的效率和透明度，同时降低腐败。这项政策的关键内容包括建立一个政府内部的集成数据平台，提供在线政务服务，以及进行数字化文档管理。

一、政策设计类关键绩效指标

目标明确性：政策的目标是通过提高政府效率和透明度来降低腐败。

策略一致性：该政策与印度尼西亚政府的整体战略，即通过数字化提高国家竞争力，保持一致。

二、政策执行类关键绩效指标

执行效率：政府部门在规定的时间内完成了电子政务平台的建设，并且在预定时间内提供了在线政务服务。

资金使用率：政策提供的资金都得到了有效的使用，没有出现浪费或者挪用的情况。

三、政策产出类关键绩效指标

电子服务使用率：政府部门提供的在线服务得到了广泛的使用，如公民在线申请政府服务的比例明显增加。

四、政策效益类关键绩效指标

服务效率：在线政务服务提高了政府服务的效率，如公民获取政府服务的时间明显缩短。

透明度：由于政府信息的数字化，政府的决策过程变得更加透明，公众对政府的信任度提高。

五、政策成本类关键绩效指标

成本效益比：尽管政策的实施需要投入大量的资金，但是从长期来看，由于政府服务效率的提高和腐败的降低，政策的成本效益比是合理的。

案例一是电子政务政策的案例分析。在实际应用中，还需要根据具体情况来确定更多的细分指标。

案例二：中国的智慧城市政策

近年来，中国政府推动了一项智慧城市政策，该政策旨在利用信息化技术提高城市管理效率，提升市民生活质量，并推动经济发展。这项政策的主要内容包括建立数据平台，推进物联网和人工智能的应用，提供智能化的公共服务等。

一、政策设计类关键绩效指标

目标明确性：政策目标清晰，旨在通过信息化技术提升城市管理和服务水平。

策略一致性：该政策与中国政府的整体战略，即建设网络强国，保持一致。

二、政策执行类关键绩效指标

执行效率：各城市在规定的时间内完成了智慧城市的建设任务，并且在预定时间内提供了智能化服务。

资金使用率：政策提供的资金都得到了有效的使用，没有出现浪费或者挪用的情况。

三、政策产出类关键绩效指标

服务使用率：智能化服务得到了广泛地使用，如市民通过手机 App 享受便捷的公共服务的比例明显增加。

四、政策效益类关键绩效指标

服务效率：智能化服务提高了公共服务的效率，如市民获取政府服务的时间明显缩短。

生活质量：通过信息化技术改善的城市环境和服务，提高了市民的生活质量。

五、政策成本类关键绩效指标

成本效益比：尽管政策的实施需要投入大量的资金，但是从长期来看，由于公共服务效率的提高和生活质量的提升，政策的成本效益比是合理的。

案例二是智慧城市政策的案例分析。在实际应用中，还需要根据具体情况来确定更多的细分指标。

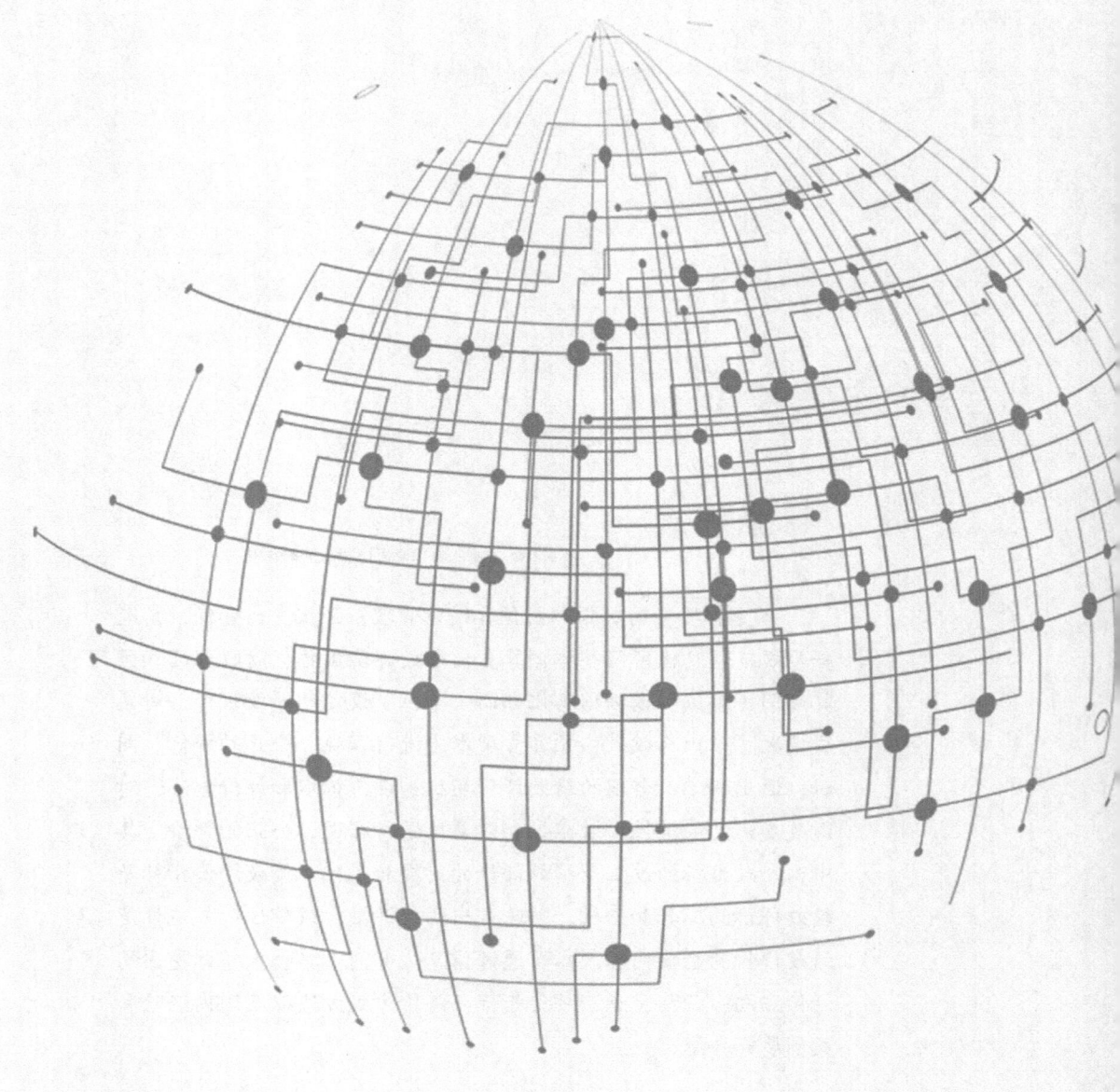

/ 第七章 /

信息化部门（单位）整体支出绩效评价

本章摘要：为加强部门预算绩效管理，强化支出责任，需进一步规范信息化部门整体预算支出绩效评价工作，财政部门和预算部门（单位）根据信息化部门（单位）设定的绩效目标，对完成情况、产出与效果、预算管理水平进行客观、公正的评价。同时，运用科学、合理的绩效评价指标、评价标准和评价方法，对财政支出的经济性、效率性和效益性进行客观、公正的评价。其中，绩效目标的设立是绩效评价的前提和基础，绩效评价指标是绩效评价的工具和手段，财政支出的经济性、效率性和效益性是绩效评价的主要内容。本章通过信息化部门（单位）整体支出的评价方向、评价重点、评价指标、评价方式方法以及国内经验和案例展开介绍。

第一节 信息化部门（单位）整体支出绩效评价概述

本节主要阐述信息化部门（单位）整体支出绩效评价的范围、重点和框架。

一、信息化部门（单位）整体支出绩效评价的范围

财政预算资金来源于国家财政预算，主要用于支持政府部门、事业单位等实施的信息化项目。主要包括一般公共预算、政府性基金预算和国有资本经营预算。

其中，对于信息化项目而言，一般公共预算通常用于政府部门的日常运营和公共服务的信息化项目，如公共教育、公共卫生、环境保护、公共安全等领域的信息化项目。这些项目可能包括硬件设备采购、软件系统的购买和维护、人员培训等，旨在保证政府部门的正常运行和提升公共服务的效率和质量。

政府性基金预算通常用于具有特定目标或长期投资回报的信息化项目，如重大科技项目、公共设施建设、重点研发项目等。这些项目可能包括新的信息系统的开发、大型数据中心的建设、高新技术的研究与开发等，旨在实现政府的长远目标和提升社会的科技水平。

国有资本经营预算通常用于国有企业或机构的信息化项目，尤其是那些有望提升企业经济效益的项目，如生产管理系统的优化、电商平台的建设、供应链系统的升级等。这些项目旨在提高国有企业的经营效率和盈利能力，从而提升国有资本的运营效果。

（一）部门预算资金

部门预算资金指各部门预算应当反映一般公共预算、政府性基金预算、国有资本经营预算安排给本部门及其所属各单位的所有预算资金。部门预算资金主要用于支持政府部门内部的信息化项目，如办公自动化系统的采购、维护，以及员工信息技术技能的培训等。

（二）转移支付资金

转移支付资金是指上级政府为了实现财政收支的均衡，或者为了实现特定的经济和社会发展目标给予下级政府，并由下级政府按照上级政府规定的用途安排使用的预

算资金。转移支付资金由中央政府对地方政府进行资金调拨，这类资金通常用于支持地方政府实施的信息化项目。例如，电子政务系统的建设、公共服务平台的建设等。

（三）政府债券资金

政府债券资金是指政府通过发行债券筹集的资金，用于平衡财政收支、调节经济运行、投资基础设施建设等。政府债券资金通常用于支持大型的信息化建设项目，如城市智能化建设、大数据中心的建设等。

（四）政府投资基金

政府投资基金是指政府通过设立专项基金或者参与设立混合所有制基金，对重点领域和关键环节进行投资，引导社会资本增加对实体经济的投入，促进产业结构优化升级。政府投资基金用于投资特定领域的基金，如信息技术创新项目、信息化人才培养项目等。

二、信息化部门（单位）整体支出评价方向与重点

（一）评价方向

信息化部门（单位）整体支出评价方向应重点关注部门投入、过程、产出和效益方面。根据信息化部门（单位）特点，了解本部门职能特色，从部门投入、管理、产出和效益等方面开展绩效评价工作。

（二）评价重点

信息化部门（单位）整体支出的评价重点主要包括部门整体支出绩效目标以及项目支出绩效目标的设定情况，部门资金投入、预算执行和管理情况，资产管理情况，为实现整体支出和项目支出绩效目标所制定的制度采取的工作措施情况，部门整体支出在有效履行部门职责中发挥的作用以及整体支出的绩效目标实现情况及效果，部门开展预算绩效管理的情况，绩效评价指标体系的建立情况等，具体内容如下：

（1）部门整体支出绩效目标以及项目支出绩效目标的设定情况。部门整体支出绩效目标是设定绩效评价指标体系的基础。在建立部门绩效目标时应考虑部门设立整体绩效目标的依据是否充分，与部门履职的相符性情况；部门所设立的整体绩效目标是否符合客观实际，与年度工作任务的相符性情况；部门依据整体绩效目标所设定的绩

效指标是否清晰、细化、可衡量，从项目的决策维度细化指标体系，开展评价工作。

评价工作中重点关注：信息化部门（单位）部门绩效目标的科学性、合理性，即整体绩效目标是否明确、有效，项目支出绩效目标与整体绩效目标的一致性；绩效指标的明确性，即部门整体及项目的具体指标设定是否细化、量化、全面。预算申报绩效目标是否覆盖现有实际支出项目。

（2）部门资金投入、预算执行和管理情况，如：年度预算的收支结余情况、"三公经费"控制情况、政策采购执行情况以及预算资金的规范运行和安全运行情况等。

（3）资产管理情况，如：资产是否保持安全完整、资产配置是否合理、资产使用和资产处理是否规范、固定资产使用效率程度等。

（4）为实现整体支出和项目支出绩效目标所制定的制度、采取的工作措施情况，如绩效管理制度、绩效跟踪管理办法等各项制度是否健全。

（5）部门整体支出在有效履行部门职责中发挥的作用以及整体支出的绩效目标实现情况及效果。部门整体支出管理评价重点关注信息化部门（单位）部门发展规划和方针政策和年度工作重点等主要工作任务。在评价中，对资金分配、预算管理和资产管理等资金使用环节制度建设与监管，将作为部门管理评价的重中之重。

部门受益群体的满意度调查，将体现绩效成果的有效支撑。首先确定信息化部门（单位）部门受益群体，这些受益群体将作为满意度问卷调查对象。其次通过满意度调查能够从一定层面和侧面反映部门整体工作的实际效果，突出效益指标的量化评价。

（6）部门开展预算绩效管理的情况。重点关注是否建立起配套的组织架构，专项资金管理是否存在顶层设计，项目决策主体及其责任是否明确，资金分配是否符合相关管理办法或方案，分配结果是否有效等。

（7）绩效评价指标体系的建立情况。考虑到部门整体支出包括基本支出和项目支出，在评价指标体系设置时除依据部门整体支出绩效目标外，应依据部门整体支出绩效评价共性指标体系，结合信息化部门（单位）自身职能与实际情况，调整并细化三级指标、四级指标。建立科学的、适度的绩效评价指标体系，是落实绩效评价工作原则，实现绩效评价结果的科学性、客观性的关键。

三、信息化部门（单位）整体支出评价框架

（一）工作目标

绩效指标体系建设阶段应围绕"职能—任务—项目"的主线，结合部门核心职能、

重点工作内容及资金支出方向等，搭建行业特点明显、履职目标清晰、重点工作突出的本行业、本领域预算绩效指标体系。主要包括归纳职能、分解任务、梳理项目、设置目标、设置指标、提炼核心指标等内容。

（二）主要工作内容

（1）归纳职能。以"三定方案"为基础，提炼履职内容，厘清部门职责边界，归并同类职能，对部门职能职责进行归纳、提炼。

以安徽省工业和信息化厅为例，归纳理部门"三定方案"中的职能职责如图7-1所示。

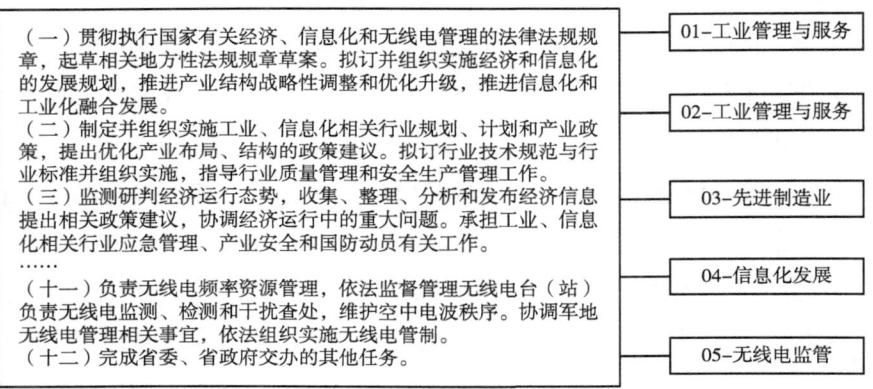

图7-1 预算部门职能职责分类归纳梳理

（2）分解任务。以归纳后的部门职责为基础，围绕省委省政府重要工作部署、部门职能职责和中长期规划、重点工作任务和近年工作情况等，梳理履行职能应开展的主要工作任务，做到同一职能下的工作任务不漏、不重，且与中长期规划相衔接。

（3）梳理项目。绩效指标体系建设应与预算部门项目库紧密结合，绩效指标体系既要涵盖有预算安排的项目，也要考虑部门职能中有但暂无预算安排的项目，兼顾绩效指标体系的实用性和前瞻性。绩效指标体系建成后，各部门申报预算时，直接选取绩效指标体系中对应的绩效指标，补充完善后形成新增项目或延续性项目绩效指标等。

以安徽省工业和信息化厅"制定并组织实施工业、信息化相关行业规划、计划和产业政策，提出优化产业布局、结构的政策建议"职能为例，根据归纳职能梳理工作任务并梳理项目如图7-2所示。

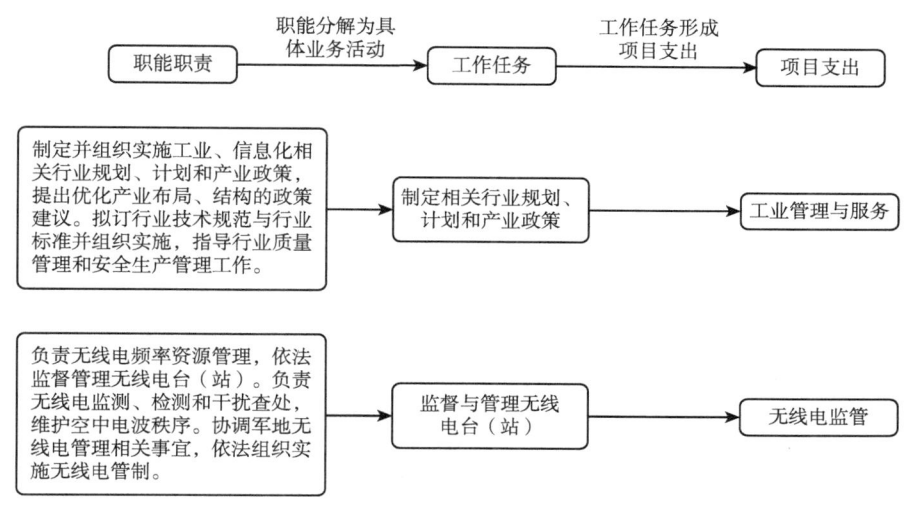

图7-2 "职能—任务—项目"分解示意

（4）设置部门整体绩效目标。部门整体绩效目标应突出部门核心职能，根据部门职能职责、事业发展中长期规划和年度计划设置整体绩效目标。其中，部门整体支出绩效目标分为中长期目标和预算年度目标，根据部门事业发展中长期规划设定部门中长期整体支出绩效目标，中长期目标具有稳定性；在中长期目标的引领下，突出分年度工作重点和任务，根据部门年度计划设定年度绩效目标。部门整体支出中长期绩效目标及年度绩效目标两者的核心指标应保持一致性，突出部门核心职能。

（5）设置部门整体绩效指标。部门整体绩效指标是体现部门职能职责和重点工作任务的整体性、系统性的核心指标。指标选取紧密围绕省委省政府重点任务部署，以部门职能职责为依据，结合行业中长期发展规划和部门年度工作计划，体现部门在一定时期内的核心工作。

以安徽省工业和信息化厅为例，通过梳理中央、省委省政府人力资源和社会保障事业发展"十四五"规划目标、人力资源和社会保障事业发展规划考核指标、部门职能职责、重点工作目标等，总结提炼出安徽省工业和信息化厅的主要职能，主要分为中小企业服务与发展、工业管理与服务、先进制造业、信息化发展、无线电监管等，对应主要职能设置了部门整体绩效指标。根据年度重点工作、支出结构等内容，合理设置核心指标比重和权重（见图7-3）。

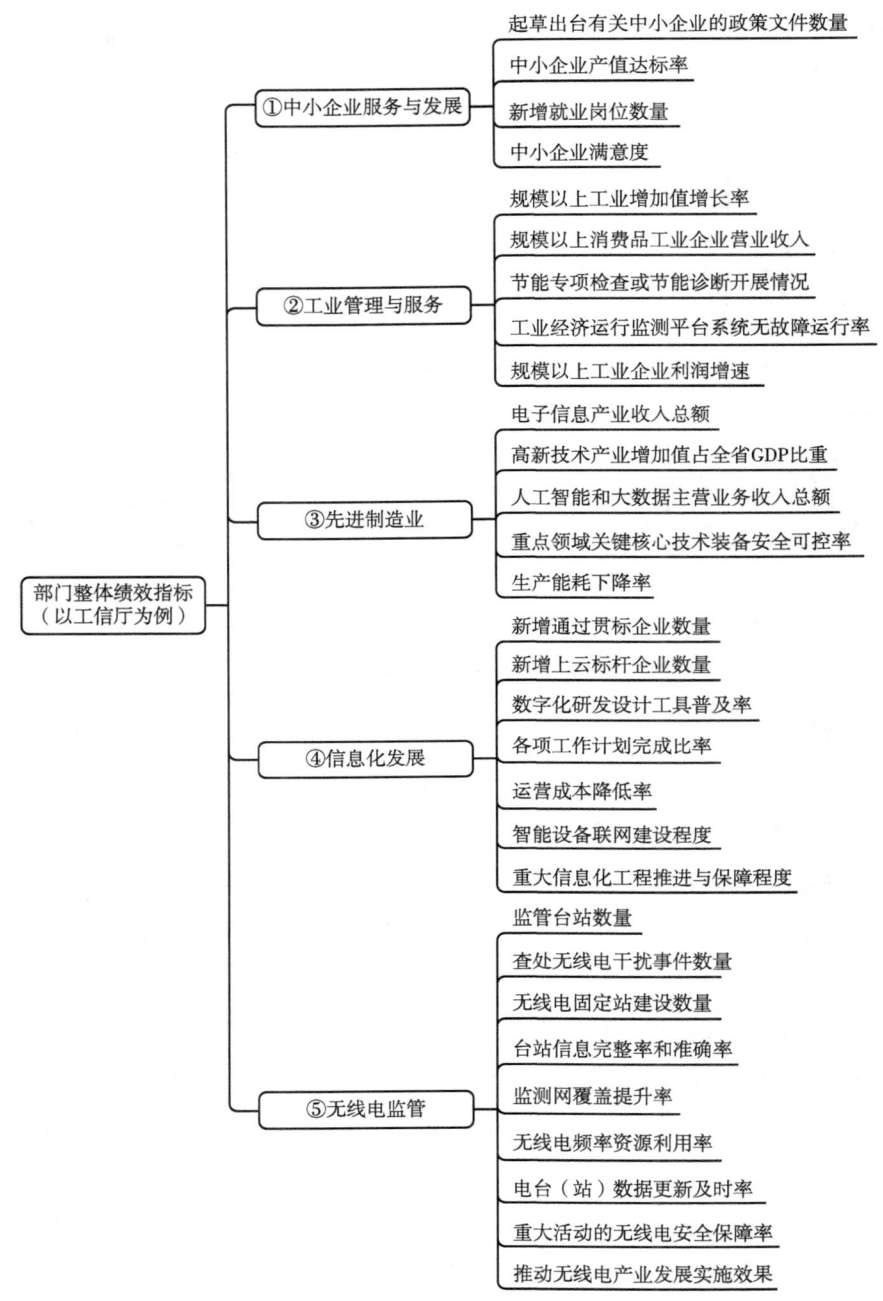

图 7-3 部门绩效指标梳理

（6）设置项目绩效目标。设置项目绩效目标应遵循确定项目总目标并逐步分解的方式，确保不同层级的绩效目标和指标统一衔接、协调配套。首先应明确项目总体政策目标，在此基础上，根据项目的立项依据、实施目的、重点工作任务、需要解决的主要问题和相关财政支出的政策意图等，研究明确项目总体绩效目标，并将其分解为多个子目标。绩效目标能清晰反映预算资金的预计产出、效果和满意度，并与部门行业规划、职能职责、项目工作重点、支出内容等相匹配。

（7）设置项目绩效指标。细化任务清单，根据任务内容，分析投入资源、开展活动、质量标准、成本要求、产出内容、产生效果等设置绩效指标。牵头部门根据工作计划，指导建设部门按照统一规范的格式设置本行业、本领域绩效指标。绩效指标体系主要由绩效指标、指标值设定依据和数据来源、指标解释、绩效指标取值标准等内容构成。

（8）提炼核心指标。提炼核心指标是体现部门核心职能、重点工作的重要路径，过多的指标不利于突出绩效管理的重点，同时也会带来绩效管理成本增加。在绩效指标设置过程中，部门结合省委省政府重点工作任务、部门考核要求和中长期规划等，区分重点项目和一般项目，从初步搭建的绩效指标库中明确核心指标。针对不同类型的项目，应充分考虑核心指标的比例和权重。原则上单个项目的核心指标不超过8个。（具体内容见第七章第三节）

第二节 信息化部门（单位）整体支出评价指标与方法

本节根据信息化部门（单位）其职责职能等方面，梳理出具有普适性的评价指标体系，并简单描述开展信息化部门（单位）整体支出评价的方式方法。

一、部门（单位）整体支出绩效评价共性指标体系框架

信息化部门（单位）整体支出绩效评价共性指标体系框架参考《财政部关于印发〈预算绩效评价共性指标体系框架〉的通知》（财预〔2013〕53号），从投入、过程、产出、效果4个方面考量。

（一）投入指标

1. 目标设定

（1）绩效目标合理性。

指标定义：项目所设定的绩效目标是否依据充分，是否符合客观实际，用以反映

和考核项目绩效目标与项目实施的相符情况。

指标性质：合理性。

指标解释：①是否符合国家法律法规、国民经济和社会发展总体规划；②是否符合部门"三定方案"确定的职责；③是否符合部门制定的中长期实施规划。

指标来源：《财政部关于印发〈预算绩效评价共性指标体系框架〉的通知》（财预〔2013〕53号）。

(2) 绩效指标明确性。

指标定义：依据绩效目标设定的绩效指标是否清晰、细化、可衡量等，用以反映和考核项目绩效目标的明细化情况。

指标性质：明确性。

指标解释：①是否将部门整体的绩效目标细化分解为具体的工作任务；②是否通过清晰、可衡量的指标值予以体现；③是否与部门年度的任务数或计划数相对应；④是否与本年度部门预算资金相匹配。

指标来源：《财政部关于印发〈预算绩效评价共性指标体系框架〉的通知》（财预〔2013〕53号）。

2. 预算配置

(1) 在职人员控制率。

指标定义：部门（单位）本年度实际在职人员数与编制数的比率，用以反映和考核部门（单位）对人员成本的控制程度。

指标性质：小于等于。

计算公式：在职人员控制率＝（在职人员数/编制数）×100%。在职人员数：部门（单位）实际在职人数，以财政部确定的部门决算编制口径为准。编制数：机构编制部门核定批复的部门（单位）的人员编制数。

指标来源：《财政部关于印发〈预算绩效评价共性指标体系框架〉的通知》（财预〔2013〕53号）。

(2) "三公经费"变动率。

指标定义：部门（单位）本年度"三公经费"预算数与上年度"三公经费"预算数的变动比率，用以反映和考核部门（单位）对控制重点行政成本的努力程度。

指标性质：小于等于。

计算公式："三公经费"变动率＝[（本年度"三公经费"总额－上年度"三公经费"总额）/上年度"三公经费"总额]×100%。"三公经费"：年度预算安排的因公出国（境）费、公务车辆购置及运行费和公务招待费。

指标来源:《财政部关于印发〈预算绩效评价共性指标体系框架〉的通知》(财预〔2013〕53号)。

(3)重点支出安排率。

指标解释:部门(单位)本年度预算安排的重点项目支出与部门项目总支出的比率,用以反映和考核部门(单位)对履行主要职责或完成重点任务的保障程度。

指标性质:大于等于。

计算公式:重点支出安排率=(重点项目支出/项目总支出)×100%。重点项目支出:部门(单位)年度预算安排的,与本部门履职和发展密切相关、具有明显社会和经济影响、党委政府关心或社会比较关注的项目支出总额。项目总支出:部门(单位)年度预算安排的项目支出总额。

指标来源:《财政部关于印发〈预算绩效评价共性指标体系框架〉的通知》(财预〔2013〕53号)。

(二)过程指标

1. 预算执行

(1)预算完成率。

指标定义:部门(单位)本年度预算完成数与预算数的比率,用以反映和考核部门(单位)预算完成程度。

指标性质:大于等于。

计算公式:预算完成率=(预算完成数/预算数)×100%。预算完成数:部门(单位)本年度实际完成的预算数。预算数:财政部门批复的本年度部门(单位)预算数。

指标来源:《财政部关于印发〈预算绩效评价共性指标体系框架〉的通知》(财预〔2013〕53号)。

(2)支付进度率。

指标定义:部门(单位)实际支付进度与既定支付进度的比率,用以反映和考核部门(单位)预算执行的及时性和均衡性程度。

指标性质:大于等于。

计算公式:支付进度率=(实际支付进度/既定支付进度)×100%。实际支付进度:部门(单位)在某一时点的支出预算执行总数与年度支出预算数的比率。既定支付进度:由部门(单位)在申报部门整体绩效目标时,参照序时支付进度、前三年支付进度、同级部门平均支付进度水平等确定的,在某一时点应达到的支付进度(比率)。

指标来源：《财政部关于印发〈预算绩效评价共性指标体系框架〉的通知》（财预〔2013〕53号）。

（3）结转结余率。

指标定义：部门（单位）本年度结转结余总额与支出预算数的比率，用以反映和考核部门（单位）对本年度结转结余资金的实际控制程度。

指标性质：小于等于。

计算公式：结转结余率＝结转结余总额/支出预算数×100%。结转结余总额：部门（单位）本年度的结转资金与结余资金之和（以决算数为准）。

指标来源：《财政部关于印发〈预算绩效评价共性指标体系框架〉的通知》（财预〔2013〕53号）。

（4）结转结余变动率。

指标定义：部门（单位）本年度结转结余资金总额与上年度结转结余资金总额的变动比率，用以反映和考核部门（单位）对控制结转结余资金的努力程度。

指标性质：小于等于。

计算公式：结转结余变动率＝［（本年度累计结转结余资金总额－上年度累计结转结余资金总额）/上年度累计结转结余资金总额］×100%。

指标来源：《财政部关于印发〈预算绩效评价共性指标体系框架〉的通知》（财预〔2013〕53号）。

（5）公用经费控制率。

指标定义：部门（单位）本年度实际支出的公用经费总额与预算安排的公用经费总额的比率，用以反映和考核部门（单位）对机构运转成本的实际控制程度。

指标性质：小于等于。

计算公式：公用经费控制率＝（实际支出公用经费总额/预算安排公用经费总额）×100%。

指标来源：《财政部关于印发〈预算绩效评价共性指标体系框架〉的通知》（财预〔2013〕53号）。

（6）政府采购执行率。

指标定义：部门（单位）本年度实际政府采购金额与年初政府采购预算的比率，用以反映和考核部门（单位）政府采购预算执行情况。

指标性质：大于等于。

计算公式：政府采购执行率＝（实际政府采购金额/政府采购预算数）×100%。

指标来源：《财政部关于印发〈预算绩效评价共性指标体系框架〉的通知》（财预

〔2013〕53号）。

2. 预算管理

（1）管理制度健全性。

指标定义：部门（单位）为加强预算管理、规范财务行为而制定的管理制度是否健全完整，用以反映和考核部门（单位）预算管理制度对完成主要职责或促进事业发展的保障情况。

指标性质：健全且实施有效。

指标解释：①是否已制定或具有预算资金管理办法、内部财务管理制度、会计核算制度等管理制度；②相关管理制度是否合法、合规、完整；③相关管理制度是否得到有效执行。

指标来源：《财政部关于印发〈预算绩效评价共性指标体系框架〉的通知》（财预〔2013〕53号）。

（2）资金使用合规性。

指标定义：部门（单位）使用预算资金是否符合相关的预算财务管理制度的规定，用以反映和考核部门（单位）预算资金的规范运行情况。

指标性质：合规性。

指标解释：①是否符合国家财经法规和财务管理制度规定以及有关专项资金管理办法的规定；②资金的拨付是否有完整的审批程序和手续；③项目的重大开支是否经过评估论证；④是否符合部门预算批复的用途；⑤是否存在截留、挤占、挪用、虚列支出等情况。

指标来源：《财政部关于印发〈预算绩效评价共性指标体系框架〉的通知》（财预〔2013〕53号）。

（3）预决算信息公开性。

指标定义：部门（单位）是否按照政府信息公开有关规定公开相关预决算信息，用以反映和考核部门（单位）预决算管理的公开透明情况。

指标性质：及时公开。

指标解释：①是否按规定内容公开预决算信息；②是否按规定时限公开预决算信息。预决算信息是指与部门预算、执行、决算、监督、绩效等管理相关的信息。

指标来源：《财政部关于印发〈预算绩效评价共性指标体系框架〉的通知》（财预〔2013〕53号）。

（4）基础信息完善性。

指标定义：部门（单位）基础信息是否完善，用以反映和考核基础信息对预算管理工作的支撑情况。

指标性质：真实完整。

指标说明：①基础数据信息和会计信息资料是否真实；②基础数据信息和会计信息资料是否完整；③基础数据信息和会计信息资料是否准确。

指标来源：《财政部关于印发〈预算绩效评价共性指标体系框架〉的通知》（财预〔2013〕53号）。

3. 资产管理

（1）管理制度健全性。

指标定义：部门（单位）为加强资产管理、规范资产管理行为而制定的管理制度是否健全完整，用以反映和考核部门（单位）资产管理制度对完成主要职责或促进社会发展的保障情况。

指标性质：制定且有效实施。

指标解释：①是否已制定或具有资产管理制度；②相关资金管理制度是否合法、合规、完整；③相关资产管理制度是否得到有效执行。

指标来源：《财政部关于印发〈预算绩效评价共性指标体系框架〉的通知》（财预〔2013〕53号）。

（2）资产管理安全性。

指标定义：部门（单位）的资产是否保存完整、使用合规、配置合理、处置规范、收入及时足额上缴，用以反映和考核部门（单位）资产安全运行情况。

指标性质：保存完整、使用合规、配置合理、处置规范、收入及时足额上缴。

指标说明：①资产保存是否完整；②资产配置是否合理；③资产处置是否规范；④资产账务管理是否合规，是否账实相符；⑤资产是否有偿使用及处置收入及时足额上缴。

指标来源：《财政部关于印发〈预算绩效评价共性指标体系框架〉的通知》（财预〔2013〕53号）。

（3）固定资产利用率。

指标定义：部门（单位）实际在用固定资产总额与所有固定资产总额的比率，用以反映和考核部门（单位）固定资产使用效率程度。

指标性质：大于等于。

计算公式：固定资产利用率 =（实际在用固定资产总额/所有固定资产总额）×100%。

指标来源：《财政部关于印发〈预算绩效评价共性指标体系框架〉的通知》（财预〔2013〕53号）。

(三) 产出指标

产出指标的二级指标——职责履行。

(1) 实际完成率。

指标定义：部门（单位）履行职责而实际完成工作数与计划工作数的比率，用以反映和考核部门（单位）履职工作任务目标的实现程度。

指标性质：等于。

指标值：等于100%。

计算公式：实际完成率=（实际完成工作数/计划工作数）×100%。实际完成工作数：一定时期（年度或规划期）内部门（单位）实际完成工作任务的数量。计划工作数：部门（单位）整体绩效目标确定的一定时期（年度或规划期）内预计完成工作任务的数量。

指标来源：《财政部关于印发〈预算绩效评价共性指标体系框架〉的通知》（财预〔2013〕53号）。

(2) 完成及时率。

指标定义：部门（单位）在规定时限内及时完成的实际工作数与计划工作数的比率，用以反映和考核部门履职时效目标的实现程度。

指标性质：等于。

指标值：等于100%。

计算公式：完成及时率=（及时完成实际工作数/计划工作数）×100%。及时完成实际工作数：部门（单位）按照整体绩效目标确定的时限实际完成的工作任务数量。

指标来源：《财政部关于印发〈预算绩效评价共性指标体系框架〉的通知》（财预〔2013〕53号）。

(3) 质量达标率。

指标定义：达到质量标准（绩效标准值）的实际工作数与计划工作数的比率，用以反映和考核部门履职质量目标的实现程度。

指标性质：等于。

指标值：等于100%。

计算公式：质量达标率=（质量达标实际工作数/计划工作数）×100%。质量达标实际工作数：一定时期（年度或规划期）内部门（单位）实际完成工作数中达到部门绩效目标要求（绩效标准值）的工作任务数量。

指标来源：《财政部关于印发〈预算绩效评价共性指标体系框架〉的通知》（财预

〔2013〕53号）。

(4) 重点工作办结率。

指标定义：部门（单位）年度重点工作实际完成数与交办或下达数的比率，用以反映部门（单位）对重点工作的办理落实程度。

指标性质：等于。

指标值：等于100%。

计算公式：重点工作办结率=（重点工作实际完成数/交办或下达数）×100%。重点工作是指党委、政府、人大、相关部门交办或下达的工作任务。

指标来源：《财政部关于印发〈预算绩效评价共性指标体系框架〉的通知》（财预〔2013〕53号）。

（四）效果指标

效果指标的二级指标——履职效益。

(1) 经济效益。

指标定义：部门（单位）履行职责对经济发展所带来的直接或间接影响。

指标来源：《财政部关于印发〈预算绩效评价共性指标体系框架〉的通知》（财预〔2013〕53号）。

(2) 社会效益。

指标定义：部门（单位）履行职责对社会发展所带来的直接或间接影响。

指标来源：《财政部关于印发〈预算绩效评价共性指标体系框架〉的通知》（财预〔2013〕53号）。

(3) 生态效益。

指标定义：部门（单位）履行职责对生态环境所带来的直接或间接影响。

指标来源：《财政部关于印发〈预算绩效评价共性指标体系框架〉的通知》（财预〔2013〕53号）。

(4) 社会公众或服务对象满意度。

指标定义：社会公众或部门（单位）的服务对象对部门履职效果的满意程度。

指标说明：社会公众或服务对象是指部门（单位）履行职责而影响到的部门、群体或个人。一般采取社会调查的方式。

指标来源：《财政部关于印发〈预算绩效评价共性指标体系框架〉的通知》（财预〔2013〕53号）。

经济效益、社会效益、生态效益三项指标为设置部门整体支出绩效评价指标时必须考虑的共性要素，可根据部门实际并结合部门整体支出绩效目标设立情况有选择地进行设置，并将其细化为相应的个性化指标。

二、信息化部门（单位）整体支出评价方法

部门整体支出绩效评价方法主要采用综合指标评价法、比较法、成本效益分析法、最低成本法、因素分析法、调查法等，可根据预算部门的要求及项目特点，采取一种或多种评价方法。

（1）综合指标评价法。运用多个指标对被评价单位进行综合绩效评价的方法，是将多个指标转化为一个能够反映综合情况的指标来进行评价。

（2）比较法，是指通过对绩效目标与实施效果、历史与当期情况、不同部门和地区同类支出的比较，综合分析绩效目标实现程度。

（3）成本效益分析法，是指将一定时期内的支出与效益进行对比分析以评价绩效目标实现程度。适用于成本、效益都能准确计量的项目绩效评价。

（4）最低成本法，是指对效益确定却不易计量的多个同类对象的实施成本进行比较，评价绩效目标实现程度。适用于公共管理与服务、社会保障、文化、教育等领域支出的绩效评价。

（5）因素分析法，是指通过综合分析影响绩效目标实现、实施效果的内外因素，评价绩效目标实现程度。

（6）调查法，通过对项目（含子项目）按类别、项目性质、执行部门、资金额度等进行筛选和抽样，使评价的项目更具有代表性和普遍性。使总体评价和个体评价更趋于真实、合理。

（7）公众评判法，是指通过专家评估、公众问卷及抽样调查等对财政支出效果进行评判，评价绩效目标实现程度。

（8）其他评价方法。

三、信息化部门（单位）整体支出评价方式

（一）整体支出绩效评价工作原则

整体支出绩效评价工作原则主要包括科学规范原则、公正公开原则、分级分类原则以及绩效相关原则。

（1）科学规范原则。绩效评价应当严格执行规定的程序，按照科学可行的要求，采用定量与定性分析相结合的方法。

定量分析是指通过数量计算的方法对评价内容进行分析，以反映评价对象的数量特征、数量关系和数量变化；定性分析是指无法通过数量计算分析评价的内容，主要凭借分析者的直觉、经验，依据评价对象过去和现在的延续状况及最新的信息资料，对评价对象的性质、特点、发展变化规律作出判断的一种方法。

（2）公正公开原则。绩效评价应当符合真实、客观、公正的要求，依法公开并接受监督。

（3）分级分类原则。绩效评价由本区各级财政部门、各预算部门根据评价对象的特点分类组织实施。

（4）绩效相关原则。绩效评价应当针对具体支出及其产出绩效进行，评价结果应当清晰反映支出和产出绩效之间的紧密对应关系。

（二）定性分析与定量分析的绩效评价方法

充分利用专家对预算资金使用情况进行定性结合定量的评价，主要采用实地考察、调查询问、审阅复核、抽样检查及测试等手段，结合定量分析法、定性分析法等分析方法，为整体支出评价提出有价值的参考意见。以下主要说明定性分析与定量分析的绩效评价方法。

1. 定性分析法

以现有文献资料或调查材料为依据，对某一社会现象运用演绎、归纳、比较、分类、矛盾分析等方法，以判断事物性质为目的的社会调查研究。

财政支出基于社会目标，资金的支出和过程有些难以量化。定性方法可以通过更深入和更易感知的挖掘去发现资金支出的内在状况。定性评价方法包括抽样确定、数据收集和分析、质量控制和报告撰写等环节。

（1）文献研究法。收集和分析研究各种现存的有关文献资料，并从所收集的文献群中选取有价值的资料，并对这些资料作出恰当分析，从中选取信息，以达到某种调查研究目的的方法。

（2）德尔菲法。通过专家背靠背（互不见面）征询的方式进行预测的方法。

（3）逻辑框架法。从待解决的核心问题入手，向上逐级展开，得到其影响及后果，向下逐层推演找出其引起的原因，得到"问题树"。将"问题树"进行转换，得到"目标树"和"规划矩阵"。

（4）成功度评价法。以逻辑框架法分析的项目目标的实现程度和经济效益分析的评价结论为基础，以项目的目标和效益为核心所进行的全面系统地评价。依靠评价专家或专家组的经验，根据项目各方面执行情况并通过系统准则或目标判断表来评价项目总体的成功程度。

2. 定量分析

（1）公众满意度评价。政府可以获取更加全面和真实的公众需求信息，找出财政支出中存在的问题，总结经验教训，提升政府公共决策能力和财政支出管理水平。通过调研分析公众对政府项目及服务的满意度。

（2）平衡卡计分法。将组织的愿景、使命和发展战略与组织业绩评价系统联系起来，把组织的使命和战略转变为具体的目标和测评指标，以实现战略和绩效的有机结合。平衡计分卡的核心思想是通过财务、客户、内部经营过程和学习与成长4个方面指标之间相互驱动的因果关系展现组织的战略轨迹，实现绩效考核的目标。平衡计分卡为公司关键业绩指标的设立指明了方向。

（3）杠杆管理法。杠杆管理法是一项系统性、持续性的评价过程，通过不断将组织流程与全球企业领导者相比较，以获得协助改善营运绩效的资讯。

第三节 案例与借鉴

本节展示了信息化部门（单位）整体支出绩效评价的地方标准和相关案例。

一、地方标准

湖北省市场监督管理局批准发布了《经济和信息化部门预算绩效指标体系编制规范》（DB42/T 1932—2022）（以下简称《规范》）。该《规范》在统筹项目管理和业财融合的基础上对经信系统的预算绩效评价指标进行了凝练，包括编制原则、编制程序及要求、部门项目分类、评价与改进等内容。其中，部门项目分类分为共性指标和个性指标。

（一）部门共性指标

1. 财务管理

（1）数量指标。

①预算超支率。

指标定义：该指标反映了部门（单位）本年度实际支出数与预算安排数的比率，

用以反映和考核部门（单位）对预算的实际控制程度。

　　标准性质：小于等于。

　　计算方式：预算超支率=（实际支出－部门预算）/部门预算×100%。

　　指标来源：《经济和信息化部门预算绩效指标体系编制规范》（DB42/T 1932—2022）。

　　②资金到位率。

　　指标定义：该指标反映了部门（单位）本年度实际到位资金与预算调整数的比率。

　　指标值：等于100%。

　　计算方式：资金到位率=部门决算/部门调整预算×100%。

　　指标来源：《经济和信息化部门预算绩效指标体系编制规范》（DB42/T 1932—2022）。

（2）质量指标。

　　①资金使用/管理合规性。

　　指标定义：部门（单位）使用预算资金是否符合相关的预算财务管理制度的规定，用以反映和考核部门（单位）预算资金的规范运行情况。

　　指标性质：合规性。

　　指标解释：是否符合国家财经法规和财务管理制度规定以及有关专项资金管理办法的规定；资金的拨付是否有完整的审批程序和手续；项目的重大开支是否经过评估论证；是否符合部门预算批复的用途；是否存在截留、挤占、挪用、虚列支出等情况。

　　指标来源：《经济和信息化部门预算绩效指标体系编制规范》（DB42/T 1932—2022）。

　　②部门年度预决算公开率。

　　指标定义：部门（单位）是否按照政府信息公开有关规定公开相关预决算信息，用以反映和考核部门（单位）预决算管理的公开透明情况。

　　指标值：等于100%。

　　计算公式：部门年度预决算公开率=实际公开数量/年度应公开数量×100%。

　　指标解释：是否按规定内容公开预决算信息；是否按规定时限公开预决算信息。预决算信息是指与部门预算、执行、决算、监督、绩效等管理相关的信息。

　　指标来源：《经济和信息化部门预算绩效指标体系编制规范》（DB42/T 1932—2022）。

　　③部门支出及整体支出资金绩效评价覆盖率。

　　指标定义：部门（单位）是否按照有关规定开展绩效评价工作，用以反映和考核部门（单位）绩效评价工作开展情况。

　　计算公式：部门支出及整体支出资金绩效评价覆盖率=绩效评价资金量/部门（单位）决算资金量×100%。

　　指标性质：大于等于。

指标值：不低于60%。

指标来源：《经济和信息化部门预算绩效指标体系编制规范》（DB42/T 1932—2022）。

（3）时效指标。

①资金到账及时率。

指标定义：用以反映和考核部门（单位）资金是否及时到账。

指标性质：及时性。

指标来源：《经济和信息化部门预算绩效指标体系编制规范》（DB42/T 1932—2022）。

②资金拨付及时率。

指标定义：用以反映和考核部门（单位）资金是否及时拨付。

指标性质：及时性。

指标来源：《经济和信息化部门预算绩效指标体系编制规范》（DB42/T 1932—2022）。

2. 档案管理

产出指标重点考虑数量指标，包括但不限于：干部档案电子化率、干部档案电子化录入完成率。

（1）数量指标。

①干部档案电子化率。

指标定义：用以反映和考核部门（单位）干部档案管理电子化实现情况。

指标性质：大于等于。

指标来源：《经济和信息化部门预算绩效指标体系编制规范》（DB42/T 1932—2022）。

②干部档案电子化录入完成率。

指标定义：用以反映和考核部门（单位）干部档案电子化录入完成情况。

指标值：等于100%。

计算公式：干部档案电子化录入完成率 = 实际录入量/应录入量 ×100%。

指标来源：《经济和信息化部门预算绩效指标体系编制规范》（DB42/T 1932—2022）。

（2）成本指标。

成本指标的三级指标——档案电子化成本下降率。

指标定义：用以反映和考核部门（单位）档案电子化过程中成本降低的程度。

指标性质：大于等于。

指标来源：《经济和信息化部门预算绩效指标体系编制规范》（DB42/T 1932—2022）。

（3）社会效益指标。

社会效益指标的三级指标——维持档案管理特级稳定性。

指标定义：用以反映和考核部门（单位）。

指标性质：稳定性。

指标来源：《经济和信息化部门预算绩效指标体系编制规范》（DB42/T 1932—2022）。

3. 设施设备管理

设施设备管理的产出指标的三级指标——时效指标。

（1）时效指标。

①设备设施及时修复率。

指标定义：用以反映和考核部门（单位）修复设备设施的及时情况。

指标性质：及时性。

指标来源：《经济和信息化部门预算绩效指标体系编制规范》（DB42/T 1932—2022）。

②设施（备）建设项目按时完成率。

指标定义：用以反映和考核部门（单位）设施（备）建设项目按时完成情况。

指标指：等于100%。

指标来源：《经济和信息化部门预算绩效指标体系编制规范》（DB42/T 1932—2022）。

（2）质量指标。

①设备设施完好率。

指标定义：用以反映和考核部门（单位）设备设施的完好情况。

指标指：等于100%。

指标来源：《经济和信息化部门预算绩效指标体系编制规范》（DB42/T 1932—2022）。

②技术设备改进率。

指标定义：用以反映和考核部门（单位）技术设备的改进情况。

指标性质：大于等于。

指标来源：《经济和信息化部门预算绩效指标体系编制规范》（DB42/T 1932—2022）。

③技术设备应用率。

指标定义：用以反映和考核部门（单位）技术设备的应用情况。

指标指：等于100%。

指标来源：《经济和信息化部门预算绩效指标体系编制规范》（DB42/T 1932—2022）。

④先进技术设备覆盖率。

指标定义：用以反映和考核部门（单位）先进技术设备的覆盖情况。

指标指：等于100%。

指标来源：《经济和信息化部门预算绩效指标体系编制规范》（DB42/T 1932—2022）。

4. 人力资源管理

(1) 数量指标。

①技能考试报名人数。

指标定义：用以反映和考核报名参加技能考试的人数。

指标性质：大于等于。

指标来源：《经济和信息化部门预算绩效指标体系编制规范》（DB42/T 1932—2022）。

②技能考试合格人数。

指标定义：用以反映和考核参加技能考试的合规人数。

指标性质：大于等于。

指标来源：《经济和信息化部门预算绩效指标体系编制规范》（DB42/T 1932—2022）。

(2) 质量指标。

①培训人员合格率。

指标定义：用以反映和考核培训人员的合格情况。

指标性质：大于等于。

指标来源：《经济和信息化部门预算绩效指标体系编制规范》（DB42/T 1932—2022）。

②聘用人员胜任工作比例。

指标定义：用以反映和考核培训人员的合格情况。

指标性质：大于等于。

指标来源：《经济和信息化部门预算绩效指标体系编制规范》（DB42/T 1932—2022）。

5. 会议培训

会议培训的产出指标的三级指标——数量指标，包括但不限于：产业人才培训完成率、参训培训人员数量。

(1) 产业人才培训完成率。

指标定义：用以反映和考核产业人才培训的完成情况。

指标值：等于100%。

指标来源：《经济和信息化部门预算绩效指标体系编制规范》（DB42/T 1932—2022）。

(2) 参训培训人员数量。

指标定义：用以反映和考核参加培训人员的人数。

指标性质：大于等于。

指标来源：《经济和信息化部门预算绩效指标体系编制规范》（DB42/T 1932—2022）。

6. "三公经费"

（1）数量指标。

①因公出国人次。

指标定义：用以反映和考核部门（单位）因公出国的人次。

指标性质：小于等于。

指标来源：《经济和信息化部门预算绩效指标体系编制规范》（DB42/T 1932—2022）。

②执法车辆出车率。

指标定义：用以反映和考核部门（单位）执法车辆的出车率。

指标性质：大于等于。

指标来源：《经济和信息化部门预算绩效指标体系编制规范》（DB42/T 1932—2022）。

③车辆租赁数量。

指标定义：用以反映和考核部门（单位）租赁的车辆数量。

指标性质：大于等于。

指标来源：《经济和信息化部门预算绩效指标体系编制规范》（DB42/T 1932—2022）。

④保障用车次数。

指标定义：用以反映和考核部门（单位）保障用车情况。

指标性质：大于等于。

指标来源：《经济和信息化部门预算绩效指标体系编制规范》（DB42/T 1932—2022）。

（2）质量指标。

指标名称："三公经费"变动率。

指标定义：部门（单位）本年度"三公经费"预算数与上年度"三公经费"预算数的变动比率，用以反映和考核部门（单位）对控制重点行政成本的努力程度。

指标性质：小于等于。

计算公式："三公经费"变动率＝[（本年度"三公经费"总额－上年度"三公经费"总额）/上年度"三公经费"总额]×100%。"三公经费"：年度预算安排的因公出国（境）费、公务车辆购置及运行费和公务招待费。

指标来源：《经济和信息化部门预算绩效指标体系编制规范》（DB42/T 1932—2022）。

（3）时效指标。

指标名称：租赁及时到位率。

指标定义：用以反映和考核部门（单位）租赁是否能及时到位。

指标值：等于100%。

指标来源：《经济和信息化部门预算绩效指标体系编制规范》（DB42/T 1932—2022）。

（4）成本指标。

①差旅费用标准。

指标定义：用以反映和考核部门（单位）差旅费是否超标。

指标性质：小于等于。

指标来源：《经济和信息化部门预算绩效指标体系编制规范》（DB42/T 1932—2022）。

②出访费用超支率。

指标定义：用以反映和考核部门（单位）出访费用是否超支。

指标性质：小于等于。

指标来源：《经济和信息化部门预算绩效指标体系编制规范》（DB42/T 1932—2022）。

③招待费标准。

指标定义：用以反映和考核部门（单位）招待费是否超标。

指标性质：小于等于。

指标来源：《经济和信息化部门预算绩效指标体系编制规范》（DB42/T 1932—2022）。

7. 物业管理

（1）数量指标。

①物业管理面积。

指标定义：用以反映和考核物业管理公司服务的部门（单位）物业面积。

指标性质：大于等于。

指标来源：《经济和信息化部门预算绩效指标体系编制规范》（DB42/T 1932—2022）。

②绿化保洁工作完成率。

指标定义：用以反映和考核物业管理公司服务提供的绿化保洁工作完成情况。

指标值：等于100%。

指标来源：《经济和信息化部门预算绩效指标体系编制规范》（DB42/T 1932—2022）。

（2）质量指标。

①物业管理工作验收合格率或质量达标率。

指标定义：用以反映和考核物业管理公司服务提供的服务是否达标。

指标值：等于100%。

指标来源：《经济和信息化部门预算绩效指标体系编制规范》（DB42/T 1932—2022）。

②消防安全事故发生率。

指标定义：用以反映和考核部门（单位）是否有消防安全事故。

指标性质：小于等于。

指标来源：《经济和信息化部门预算绩效指标体系编制规范》（DB42/T 1932—2022）。

(3) 时效指标。

①投诉处理及时度。

指标定义：用以反映和考核部门（单位）对物业人员投诉是否及时处理。

指标性质：大于等于。

指标来源：《经济和信息化部门预算绩效指标体系编制规范》（DB42/T 1932—2022）。

②故障排除时间。

指标定义：用以反映和考核部门（单位）相关设备发生故障时，处理的时间。

指标性质：小于等于。

指标来源：《经济和信息化部门预算绩效指标体系编制规范》（DB42/T 1932—2022）。

(4) 满意度指标。

重点考虑部门（单位）相关人员满意度，可采用调查问卷反映满意度或第三方评价报告。

指标定义：该部门（单位）相关人员为该项目的服务对象，反映部门（单位）相关人员的认可程度。

指标性质：大于等于。

标准值：不低于90%。

指标来源：《经济和信息化部门预算绩效指标体系编制规范》（DB42/T 1932—2022）。

8. 政策研究

(1) 数量指标。

①完成研究项目数量。

指标定义：用以反映和考核部门（单位）研究项目的完成情况。

指标性质：大于等于。

指标来源：《经济和信息化部门预算绩效指标体系编制规范》（DB42/T 1932—2022）。

②提供建议数量。

指标定义：用以反映和考核部门（单位）提供的相关建议情况。

指标性质：大于等于。

指标来源：《经济和信息化部门预算绩效指标体系编制规范》（DB42/T 1932—2022）。

(2) 质量指标。

①研究成果评审合格率。

指标定义：用以反映和考核部门（单位）研究成果的合格情况。

指标性质：大于等于。

指标来源：《经济和信息化部门预算绩效指标体系编制规范》（DB42/T 1932—2022）。

②建议采纳率。

指标定义：用以反映和考核部门（单位）对于建议的采纳情况。

指标性质：大于等于。

指标来源：《经济和信息化部门预算绩效指标体系编制规范》（DB42/T 1932—2022）。

(3) 时效指标。

指标名称：按时结题率。

指标定义：用以反映和考核部门（单位）的按时结题情况。

指标性质：大于等于。

指标来源：《经济和信息化部门预算绩效指标体系编制规范》（DB42/T 1932—2022）。

(4) 社会效益指标。

指标名称：研究成果获奖、刊发或媒体报道次数。

指标定义：反映相关产出对社会发展带来的影响和效果，用于体现项目实施当年及以后若干年在提升治理水平、落实国家政策、推动行业发展、服务民生大众、维持社会稳定、维护社会公平正义、提高履职或服务效率等方面的效益。

指标性质：定性或大于等于。

计算方式：定性描述来反映对单位提高履职或服务的程度。

指标来源：《经济和信息化部门预算绩效指标体系编制规范》（DB42/T 1932—2022）。

(5) 可持续影响指标。

指标名称：研究成果转化利用率、被采纳和引用情况。

指标定义：对于一些特定项目，应结合管理需要确定必设指标的限定要求。如工程基建类项目和大型修缮及购置项目，考虑使用期限，必须在相关指标中明确当年及以后一段时期内预期效益发挥情况。

指标性质：定性或大于等于。

计算方式：定性描述来反映该项目效果/效益的可持续性程度；定量估算该项目发挥作用的年限。

指标来源：《经济和信息化部门预算绩效指标体系编制规范》（DB42/T 1932—2022）。

（二）部门个性指标

1. 中小企业服务与发展

（1）数量指标。

①新增规模以上工业企业数量。

指标定义：用以反映和考核该地区规模以上工业企业的新增情况。

指标性质：大于等于。

计算公式：新增规模以上工业企业数量＝本年度规模以上工业企业数量－上年度规模以上工业企业数量。

指标来源：《经济和信息化部门预算绩效指标体系编制规范》（DB42/T 1932—2022）。

②起草出台有关中小企业的政策文件数量。

指标定义：用以反映和考核部门（单位）起草出台有关中小企业的政策文件情况。

指标性质：大于等于。

指标来源：《经济和信息化部门预算绩效指标体系编制规范》（DB42/T 1932—2022）。

③中小企业参展参会增长率。

指标定义：用以反映和考核该地区中小企业参展参会的增长情况。

指标性质：大于等于。

计算公式：中小企业参展参会增长率＝[（本年度中小企业参展参会－上年度中小企业参展参会）/上年度中小企业参展参会]×100%。

指标来源：《经济和信息化部门预算绩效指标体系编制规范》（DB42/T 1932—2022）。

④国家级"专精特新"小巨人企业增量。

指标定义：用以反映和考核该地区国家级"专精特新"小巨人企业的增长情况。

指标性质：大于等于。

计算公式：国家级"专精特新"小巨人企业增量＝本年度国家级"专精特新"小巨人企业量－上年度国家级"专精特新"小巨人企业量。

指标来源：《经济和信息化部门预算绩效指标体系编制规范》（DB42/T 1932—2022）。

⑤新增省级工业设计中心。

指标定义：用以反映和考核该地区省级工业设计中心的新增情况。

指标性质：大于等于。

计算公式：新增省级工业设计中心＝本年度省级工业设计中心量－上年度省级工业设计中心量。

指标来源：《经济和信息化部门预算绩效指标体系编制规范》（DB42/T 1932—2022）。

⑥国家级中小企业创业创新示范基地数量。

指标定义：用以反映和考核该地区国家级中小企业创业创新示范基地的情况。

指标性质：大于等于。

指标来源：《经济和信息化部门预算绩效指标体系编制规范》（DB42/T 1932—2022）。

⑦窗口平台互联互通覆盖率。

指标定义：用以反映和考核该地区窗口平台互联互通的覆盖情况。

指标性质：大于等于。

指标来源：《经济和信息化部门预算绩效指标体系编制规范》（DB42/T 1932—2022）。

（2）质量指标。

指标名称：中小企业产值达标率。

指标定义：用以反映和考核该地区中小企业产值的达标情况。

指标性质：大于等于。

指标来源：《经济和信息化部门预算绩效指标体系编制规范》（DB42/T 1932—2022）。

（3）效益指标。

效益指标的三级指标——社会效益指标。

①社会效益指标。

指标名称：新增就业岗位数量、服务活动组织次数民营经济增加值。

指标定义：反映相关产出对社会发展带来的影响和效果，用于体现项目实施当年及以后若干年在提升治理水平、落实国家政策、推动行业发展、服务民生大众、维持社会稳定、维护社会公平正义、提高履职或服务效率等方面的效益。

指标性质：定性或大于等于。

计算方式：服务活动组织次数民营经济增加值 = 本年度服务活动组织次数民营经济值 – 上年度服务活动组织次数民营经济值。

指标来源：《经济和信息化部门预算绩效指标体系编制规范》（DB42/T 1932—2022）。

②满意度指标。

指标名称：中小企业满意度。

指标性质：大于等于。

标准值：不低于90%。

指标解释：反映中小企业的认可程度。

2. 工业管理与服务

（1）数量指标。

①规模以上工业增加值增长率。

指标定义：用以反映和考核该地区规模以上工业增加值的增长情况。

指标性质：大于等于。

计算公式：规模以上工业增加值增长率＝［(本年度规模以上工业增加值－上年度规模以上工业增加值)/上年度规模以上工业增加值］×100%。

指标来源：《经济和信息化部门预算绩效指标体系编制规范》（DB42/T 1932—2022）。

②规模以上消费品工业企业营业收入。

指标定义：用以反映和考核该地区规模以上消费品工业企业的营业收入。

指标性质：大于等于。

指标来源：《经济和信息化部门预算绩效指标体系编制规范》（DB42/T 1932—2022）。

（2）质量指标。

①节能专项检查或节能诊断开展情况。

指标定义：用以反映和考核部门（单位）开展节能专项检查或节能诊断开展情况。

指标性质：定性。

指标来源：《经济和信息化部门预算绩效指标体系编制规范》（DB42/T 1932—2022）。

②工业经济运行监测平台系统无故障运行率。

指标定义：用以反映和考核工业经济运行监测平台系统运行情况。

指标值：等于100%。

指标来源：《经济和信息化部门预算绩效指标体系编制规范》（DB42/T 1932—2022）。

③食盐抽样检查合格率。

指标定义：用以反映和考核部门（单位）食盐抽样检查的合格情况。

指标性质：大于等于。

指标来源：《经济和信息化部门预算绩效指标体系编制规范》（DB42/T 1932—2022）。

（3）经济效益。

指标名称：规上工业企业利润增速。

指标定义：用以反映和考核该地区规上工业企业利润的增长情况。

指标性质：大于等于。

指标来源：《经济和信息化部门预算绩效指标体系编制规范》（DB42/T 1932—2022）。

（4）社会效益。

指标名称：工业经济运行情况考核督导完成率。

指标定义：用以反映和考核部门（单位）对于该地区工业经济运行情况的考核督导情况。

指标值：等于100%。

指标来源：《经济和信息化部门预算绩效指标体系编制规范》（DB42/T 1932—2022）。

（5）满意度指标。

满意度指标的三级指标——社会公众满意度，可采用调查问卷反映满意度或第三方评价报告。

指标名称：社会公众对工业经济运行满意度。

指标定义：社会公众为该项目的服务对象，反映社会公众对于工业经济运行的认可程度。

指标性质：大于等于。

标准值：不低于90%。

指标来源：《经济和信息化部门预算绩效指标体系编制规范》（DB42/T 1932—2022）。

3. 先进制造业

（1）数量指标。

①电子信息产业收入总额。

指标定义：用以反映和考核该地区电子信息产业收入情况。

指标性质：大于等于。

指标来源：《经济和信息化部门预算绩效指标体系编制规范》（DB42/T 1932—2022）。

②高新技术产业增加值占全省GDP比重。

指标定义：用以反映和考核该地区高新技术产业增加值的情况。

指标性质：大于等于。

计算公式：高新技术产业增加值占全省GDP比重 = 高新技术产业增加值/全省GDP。

指标来源：《经济和信息化部门预算绩效指标体系编制规范》（DB42/T 1932—2022）。

③工业投资增长率。

指标定义：用以反映和考核该地区高新技术产业增加值的情况。

指标性质：大于等于。

计算公式：高新技术产业增加值占全省GDP比重 = 高新技术产业增加值/全省GDP。

指标来源：《经济和信息化部门预算绩效指标体系编制规范》（DB42/T 1932—2022）。

④工业技改投资增长率。

指标定义：用以反映和考核该地区工业技改投资的增长情况。

指标性质：大于等于。

计算公式：工业技改投资增长率 = ［（本年度工业技改投资金额 − 上年度工业技改投资金额）/上年度工业技改投资金额］×100%。

指标来源：《经济和信息化部门预算绩效指标体系编制规范》（DB42/T 1932—2022）。

⑤人工智能和大数据主营业务收入总额。

指标定义：用以反映和考核该地区人工智能和大数据主营业务收入情况。

指标性质：大于等于。

指标来源：《经济和信息化部门预算绩效指标体系编制规范》（DB42/T 1932—2022）。

（2）质量指标。

①重点领域前沿和关键共性技术掌握率。

指标定义：用以反映和考核该地区重点领域前沿和关键共性技术掌握情况。

指标性质：大于等于。

指标来源：《经济和信息化部门预算绩效指标体系编制规范》（DB42/T 1932—2022）。

②重点领域关键核心技术装备安全可控率。

指标定义：用以反映和考核该地区重点领域前沿和关键共性技术掌握情况。

指标性质：大于等于。

指标来源：《经济和信息化部门预算绩效指标体系编制规范》（DB42/T 1932—2022）。

③预防和减少重大信息安全事件的完成率。

指标定义：用以反映和考核该地区预防和减少重大信息安全事件的完成情况。

指标性质：大于等于。

指标来源：《经济和信息化部门预算绩效指标体系编制规范》（DB42/T 1932—2022）。

（3）经济效益指标。

①生产能耗下降率。

指标定义：用以反映和考核该地区生产能耗的下降情况。

指标性质：小于等于。

计算公式：生产能耗下降率 = [（本年度生产能耗 − 上年度生产能耗）/上年度生产能耗] × 100%。

指标来源：《经济和信息化部门预算绩效指标体系编制规范》（DB42/T 1932—2022）。

②技改企业产品市场占有增长率。

指标定义：用以反映和考核该地区技改企业产品市场占有的增长情况。

指标性质：大于等于。

计算公式：技改企业产品市场占有增长率 = [（本年度技改企业产品市场占有量 − 上年度技改企业产品市场占有量）/上年度技改企业产品市场占有量] × 100%。

指标来源：《经济和信息化部门预算绩效指标体系编制规范》（DB42/T 1932—2022）。

4. 信息化发展

（1）数量指标。

①新增通过贯标企业数量。

指标定义：用以反映和考核该地区通过贯标企业数量的新增情况。

指标性质：大于等于。

计算公式：新增通过贯标企业数量＝本年度通过贯标企业数量－上年度通过贯标企业数量。

指标来源：《经济和信息化部门预算绩效指标体系编制规范》（DB42/T 1932—2022）。

②新增上云标杆企业数量。

指标定义：用以反映和考核该地区通过贯标企业数量的新增情况。

指标性质：大于等于。

计算公式：新增通过贯标企业数量＝本年度通过贯标企业数量－上年度通过贯标企业数量。

指标来源：《经济和信息化部门预算绩效指标体系编制规范》（DB42/T 1932—2022）。

③建设工业互联网应用企业级平台。

指标定义：用以反映和考核该地区建设工业互联网应用企业级平台数量情况。

指标性质：大于等于。

指标来源：《经济和信息化部门预算绩效指标体系编制规范》（DB42/T 1932—2022）。

④组织两化融合、企业云上、信息安全培训次数。

指标定义：用以反映和考核该地区组织两化融合、企业云上、信息安全培训次数。

指标性质：大于等于。

指标来源：《经济和信息化部门预算绩效指标体系编制规范》（DB42/T 1932—2022）。

（2）质量指标。

①数字化研发设计工具普及率。

指标定义：用以反映和考核该地区数字化研发设计工具的普及情况。

指标性质：大于等于。

指标来源：《经济和信息化部门预算绩效指标体系编制规范》（DB42/T 1932—2022）。

②新增通过两化融合管理体系贯标评定企业数量。

指标定义：用以反映和考核该地区通过两化融合管理体系贯标评定企业的新增情况。

指标性质：大于等于。

计算公式：新增通过两化融合管理体系贯标评定企业数量＝本年度通过两化融合管理体系贯标评定企业数量－上年度通过两化融合管理体系贯标评定企业数量。

指标来源：《经济和信息化部门预算绩效指标体系编制规范》（DB42/T 1932—2022）。

（3）时效指标。

指标名称：各项工作计划完成比率。

指标定义：部门（单位）在规定时限内及时完成的实际工作数与计划工作数的比率，用以反映和考核部门履职时效目标的实现程度。

指标性质：大于等于。

计算公式：各项工作计划完成比率＝（完成实际工作数/计划工作数）×100%。及时完成实际工作数：部门（单位）按照整体绩效目标确定的时限实际完成的工作任务数量。

指标来源：《经济和信息化部门预算绩效指标体系编制规范》（DB42/T 1932—2022）。

（4）经济效益指标。

①运营成本降低率。

指标定义：用以反映和考核该地区运营成本的降低情况。

指标性质：大于等于。

计算公式：运营成本降低率＝［（本年度运营成本－上年度运营成本）/上年度运营成本］×100%。

指标来源：《经济和信息化部门预算绩效指标体系编制规范》（DB42/T 1932—2022）。

②产品升级周期缩短完成率。

指标定义：用以反映和考核该地区产品升级周期缩短的完成情况。

指标性质：大于等于。

指标来源：《经济和信息化部门预算绩效指标体系编制规范》（DB42/T 1932—2022）。

③运营智能决策完善程度。

指标定义：用以反映和考核该地区运营智能决策完善程度。

指标性质：定性。

指标来源：《经济和信息化部门预算绩效指标体系编制规范》（DB42/T 1932—2022）。

④智能设备联网建设程度。

指标定义：用以反映和考核该地区智能设备联网建设程度。

指标性质：定性。

指标来源：《经济和信息化部门预算绩效指标体系编制规范》（DB42/T 1932—2022）。

⑤投保装备的销售增长率。

指标定义：用以反映和考核该地区投保装备销售的增长情况。

指标性质：大于等于。

计算公式：投保装备的销售增长率＝［（本年度投保装备的销售量－上年度投保装备的销售量）/上年度投保装备的销售量］×100%。

指标来源：《经济和信息化部门预算绩效指标体系编制规范》（DB42/T 1932—2022）。

（5）社会效益指标。

①制造技术绿色化程度增幅。

指标定义：用以反映和考核该地区制造技术绿色化的增长情况。

指标性质：大于等于。

指标来源：《经济和信息化部门预算绩效指标体系编制规范》（DB42/T 1932—2022）。

②制造业对资源环境的影响降幅。

指标定义：用以反映和考核该地区制造业对资源环境的影响情况。

指标性质：大于等于。

指标来源：《经济和信息化部门预算绩效指标体系编制规范》（DB42/T 1932—2022）。

③重大信息化工程推进与保障程度。

指标定义：用以反映和考核该地区重大信息化工程推进与保障程度。

指标性质：定性。

指标来源：《经济和信息化部门预算绩效指标体系编制规范》（DB42/T 1932—2022）。

（6）满意度指标。

重点考虑受益对象满意度，可采用调查问卷反映满意度或第三方评价报告。

指标名称：行业内专家对项目的评价满意度、项目承担企业满意度。

指标定义：行业内专家、项目承担企业为该项目的服务对象，反映行业内专家、项目承担企业的认可程度。

指标性质：大于等于。

标准值：不低于90%。

指标来源：《经济和信息化部门预算绩效指标体系编制规范》（DB42/T 1932—2022）。

5. 无线电监管

（1）数量指标。

①监管台站数量。

指标定义：用以反映和考核部门（单位）监管该地区台站数量。

指标性质：大于等于。

指标来源：《经济和信息化部门预算绩效指标体系编制规范》（DB42/T 1932—2022）。

②查处无线电干扰事件数量。

指标定义：用以反映和考核部门（单位）查处无线电干扰事件数量。

指标性质：大于等于。

指标来源：《经济和信息化部门预算绩效指标体系编制规范》（DB42/T 1932—2022）。

③无线电固定站建设数量。

指标定义：用以反映和考核无线电固定站建设数量。

指标性质：大于等于。

指标来源：《经济和信息化部门预算绩效指标体系编制规范》（DB42/T 1932—2022）。

④台站信息完整率和准确率。

指标定义：用以反映和考核台站信息完整率和准确率。

指标性质：大于等于。

指标来源：《经济和信息化部门预算绩效指标体系编制规范》（DB42/T 1932—2022）。

⑤地市台站管理次数增幅。

指标定义：用以反映和考核地市台站管理次数的增长情况。

指标性质：大于等于。

计算公式：地市台站管理次数增幅 = [（本年度地市台站管理次数 − 上年度地市台站管理次数）/上年度地市台站管理次数] × 100%。

指标来源：《经济和信息化部门预算绩效指标体系编制规范》（DB42/T 1932—2022）。

（2）质量指标。

①监测网覆盖提升率。

指标定义：用以反映和考核监测网覆盖的提升情况。

指标性质：大于等于。

计算公式：监测网覆盖提升率 = [（本年度监测网覆盖面 − 上年度监测网覆盖面）/上年度监测网覆盖面] × 100%。

指标来源：《经济和信息化部门预算绩效指标体系编制规范》（DB42/T 1932—2022）。

②无线电频率资源利用率。

指标定义：用以反映和考核无线电频率资源利用情况。

指标性质：大于等于。

计算公式：无线电频率资源利用率 = 使用的无线电频率资源/无线电频率资源 × 100%。

指标来源：《经济和信息化部门预算绩效指标体系编制规范》（DB42/T 1932—2022）。

③无线电管理标准规范的宣传力度。

指标定义：用以反映和考核无线电管理标准规范的宣传力度。

指标性质：定性。

指标来源：《经济和信息化部门预算绩效指标体系编制规范》（DB42/T 1932—2022）。

（3）时效指标。

①电台（站）数据更新及时率。

指标定义：用以反映和考核电台（站）数据更新是否及时。

指标性质：及时性。

指标来源：《经济和信息化部门预算绩效指标体系编制规范》（DB42/T 1932—2022）。

②设施（备）建设项目按时完成率。

指标定义：部门（单位）在规定时限内及时完成的实际设施（备）建设项目数与计划设施（备）建设项目数的比率，用以反映和考核部门（单位）设施（备）建设项目完成情况。

指标性质：大于等于。

计算公式：设施（备）建设项目按时完成率＝（及时完成实际工作数/计划工作数）×100%。

指标来源：《经济和信息化部门预算绩效指标体系编制规范》（DB42/T 1932—2022）。

（4）社会效益指标。

社会效益指标的三级指标主要有电波秩序维护率、重大活动的无线电安全保障率、与部队相关的无线电活动次数等。

指标定义：反映相关产出对社会发展带来的影响和效果，用于体现项目实施当年及以后若干年在提升治理水平、落实国家政策、推动行业发展、服务民生大众、维持社会稳定、维护社会公平正义、提高履职或服务效率等方面的效益。

指标性质：定性或大于等于。

计算方式：定性描述来反映对重大活动的无线电安全保障的程度等。

指标来源：《经济和信息化部门预算绩效指标体系编制规范》（DB42/T 1932—2022）。

（5）可持续影响指标。

指标名称：推动无线电产业发展实施效果。

指标定义：对于一些特定项目，应结合管理需要确定必设指标的限定要求。

指标性质：定性或大于等于。

计算方式：定性描述来反映该项目效果/效益的可持续性程度；定量估算该项目发挥作用的年限。

指标来源：《经济和信息化部门预算绩效指标体系编制规范》（DB42/T 1932—2022）。

二、大数据局

根据某市大数据局开展的部门整体支出绩效评价,指标构成包括部门决策、部门管理、产出及效益、可持续发展影响 4 个一级指标,部门战略目标、决策机制、部门绩效目标设定、预算执行、收支管理、资产管理、政府采购管理、内部控制管理、组织机构管理、人员管理、预算绩效管理、重点工作完成率、履职效益、社会效益、能力建设 15 个二级指标。

(一) 部门决策

1. 部门战略目标

(1) 中长期战略规划完善性。

指标定义:考察是否具有完善的中长期战略规划。

指标性质:完善。

指标解释:①是否制订部门中长期战略规划;②中长期战略规划是否清晰、全面、完整,经相应的程序认定。

指标来源:根据部门(单位)实际情况自行设定。

(2) 年度工作计划完备性。

指标定义:考察是否制订详细合理的年度工作计划。

指标性质:完备。

指标解释:①是否制订部门年度工作计划;②部门工作计划是否明确、完整,并经集体决策正式下发文件。

指标来源:根据部门(单位)实际情况自行设定。

2. 决策机制

(1) 决策制度的规范性。

指标定义:考察部门决策制度是否符合规范,如:是否有重要事项决策制度、"三重一大"事项决策制度等。

指标性质:规范。

指标解释:①是否建立重要事项决策制度;②"三重一大"事项决策制度是否建立;③决策过程是否遵循既定制度,包括但不限于调研论证、集体讨论、民主决策等环节;④决策会议记录是否保存,记录是否完整、详细,易于查阅;⑤是否有决策后正式的评估反馈流程并定期执行调整的机制。

指标来源：根据部门（单位）实际情况自行设定。

（2）决策执行有效性。

指标定义：考察部门决策是否按照决策制度及流程执行。

指标性质：有效。

指标解释：①决策执行过程中是否严格遵循决策制度与流程；②决策从制定到执行完成的时间跨度是否在预定时间内或提前完成；③决策执行后的实际成果与最初决策目标的是否匹配或超过预期目标。

指标来源：根据部门（单位）实际情况自行设定。

（3）决策执行监督制衡机制。

指标定义：考察部门决策执行是否有相关的监督制衡机制。

指标性质：科学。

指标解释：①内部有关部门是否对执行情况进行监督检查；②是否引进外部监督如审计、行风评议等；③面对决策执行监督发现的问题，部门是否能及时调整决策并有效响应反馈。

指标来源：根据部门（单位）实际情况自行设定。

3. 部门绩效目标设定

（1）绩效目标合理性。

指标定义：年度整体绩效目标依据是否充分，是否符合客观实际，用以反映和考核部门单位整体绩效目标与部门履职、年度工作任务的相符性情况。

指标性质：合理。

指标解释：①符合国家法律法规、国民经济和社会发展总体规划；②符合部门"三定方案"确定的职责；③是否符合部门制定的中长期实施规划。

指标来源：《财政部关于印发〈预算绩效评价共性指标体系框架〉的通知》（财预〔2013〕53号）。

（2）绩效指标明确性。

指标定义：依据整体绩效目标所设定的绩效指标是否清晰、细化、可衡量，用以反映和考核部门（单位）整体绩效目标的明细化情况。

指标性质：明确。

指标解释：①是否将部门整体的绩效目标细化分解为具体的工作任务；②绩效指标是否通过清晰、可衡量的指标值予以体现；③与部门年度的任务数或计划数是否相对应；④与本年度部门预算资金是否相匹配。

指标来源：《财政部关于印发〈预算绩效评价共性指标体系框架〉的通知》（财预

〔2013〕53号）。

（二）部门管理

1. 预算执行

（1）预算编制合理性。

指标定义：考察部门整体预算编制是否合理。

指标性质：合理。

指标解释：①预算编制是否覆盖部门所有必要的支出项目无遗漏；②编制的预算支出与实际支出的相符程度，是否考虑历史数据及未来趋势预测的准确性；③预算编制是否考虑到未来可能的变化，是否充分考虑不确定因素，灵活调整机制是否健全。

指标来源：根据部门（单位）实际情况自行设定。

（2）预算执行率。

指标定义：考察部门整体年度预算执行情况。

指标性质：大于等于。

计算公式：部门项目执行率=（部门项目支出额/部门项目预算总额）×100%；其他专项执行率=（专项实际支出额/专项预算资金总额）×100%；当年结转资金控制率：（当年结转额/上年结转额）×100%；上年结转资金执行率：（上年结转资金支出额/上年结转额）×100%。

指标来源：根据部门（单位）实际情况自行设定。

（3）"三公经费"控制情况。

指标定义：考察"三公经费"相较于上年是否减少。

指标性质：大于等于。

计算公式："三公经费"下降率=（本年"三公经费"实际支出数－上年"三公经费"实际支出数）/上年"三公经费"实际支出数100%。

指标来源：《财政部关于印发〈预算绩效评价共性指标体系框架〉的通知》（财预〔2013〕53号）。

（4）预决算信息公开情况。

指标定义：预决算是否在"双平台"进行公开，内容和时限是否符合要求。

指标性质：公开且及时。

指标解释：①是否在"双平台"公开预决算信息；②是否按规定内容公开预决算信息（预决算信息是指与部门预算、执行、决算、监督、绩效等管理相关的信息）；③是否按规定时限公开预决算信息。

指标来源：《财政部关于印发〈预算绩效评价共性指标体系框架〉的通知》（财预〔2013〕53号）。

2. 收支管理

（1）收支管理制度健全性。

指标定义：考察部门收支管理制度是否健全。

指标性质：健全。

指标解释：①是否建立健全财务机构岗位责任制；②是否建立健全货币资金管理制度；③是否建立健全财产物资管理制度；④是否建立健全项目支出管理制度等。

指标来源：根据部门（单位）实际情况自行设定。

（2）收支管理制度执行规范性。

指标定义：考察部门收支管理是否按照制度执行，日常收支是否规范。

指标性质：规范。

指标解释：①部门在收支活动中是否严格遵循已建立的收支管理制度，包括审批流程、权限分配、支出分类等规定；②财务记录与实际收支的一致性，是否每笔收支都有准确、及时的账务反映，无漏记、错记现象；③收支信息是否能够被相关部门及人员适时获取，增加财务管理的透明性；④面对收支异常情况时，是否能按照制度要求迅速响应并采取纠正措施。

指标来源：根据部门（单位）实际情况自行设定。

3. 资产管理

（1）资产管理制度健全性。

指标定义：考察部门资产管理制度是否健全，是否建立资产配置、资产处置等方面的制度。

指标性质：健全。

指标解释：①是否制定或具有资产管理制度；②相关资金管理制度是否合法、合规、完整；③相关资产管理制度是否得到有效执行。

指标来源：根据部门（单位）实际情况自行设定。

（2）资产管理制度执行规范性。

指标定义：考察部门资产管理是否按制度执行，是否按照规定对资产进行配置、处置等。

指标性质：规范。

指标解释：①资产是否保存完整；②资产配置是否合理；③资产处置是否规范；④资产账务管理是否合规、账实相符；⑤资产有偿使用及处置收入是否及时足额上缴。

指标来源：根据部门（单位）实际情况自行设定。

4. 政府采购管理

（1）政府采购管理制度健全性。

指标定义：考察部门政府采购管理制度是否健全。

指标性质：健全。

指标解释：①是否对政府采购业务预算作出规定；②是否对政府采购活动控制作出规定；③是否对政府采购验收等方面作出规定。

指标来源：根据部门（单位）实际情况自行设定。

（2）政府采购管理制度执行规范性。

指标定义：考察部门政府采购管理是否按制度执行。

指标性质：规范。

指标解释：①是否按照规定编写政府采购业务预算；②是否对政府采购项目进行验收等。

指标来源：根据部门（单位）实际情况自行设定。

5. 内部控制管理

（1）内部控制建设情况。

指标定义：考察部门内控制度建立健全情况。

指标性质：健全。

指标解释：①部门是否建立一套全面、系统的内控制度手册，涵盖组织架构控制、业务流程控制、信息系统控制等多个方面；②内控制度手册是否定期更新以适应法规变化，确保内控制度的时效性和适用性；③内控制度手册的详细程度，包括是否有明确的操作指引、流程图、风险点及控制措施等；④部门是否定期对人员进行内控制度的培训，确保了解与其职责相关的内部控制要求。

指标来源：根据部门（单位）实际情况自行设定。

（2）内部控制执行情况。

指标定义：考察部门内控制度建设以及建设后执行情况，内控建设是否全面、完整，内控执行是否按照内部控制管理手册开展日常工作。

指标性质：规范。

指标解释：①是否按照内部控制管理手册开展日常工作，执行关键控制点的操作；②部门在业务操作过程中是否有效识别潜在风险，并根据风险评估结果采取相应的控制措施；③在内控检查中发现的问题是否能及时得到识别、记录、分析，并制定有效的整改措施；④部门是否建立了内部控制的持续改进机制，包括定期评估内控有效性、根据评估结果调整优化内控制度。

指标来源：根据部门（单位）实际情况自行设定。

6. 组织机构管理

（1）机构职能明确性。

指标定义：考察部门内部机构设置是否规范。

指标性质：明确。

指标解释：①部门内部机构设置是否符合上级单位要求及本部门业务特点，各机构职责是否有明确的划分，避免职能交叉或空白；②是否明确各机构的工作目标、责任范围、工作流程及绩效标准；③部门是否定期对职责履行情况进行检查与评价；④部门内部决策权限与责任承担是否对等，确保权力与责任清晰界定，促进高效运作。

指标来源：根据部门（单位）实际情况自行设定。

（2）机构协调有效性。

指标定义：考察部门内行政处室和事业单位之间协调沟通是否有效。

指标性质：有效。

指标解释：①部门内是否建立了常态化的沟通协调机制，如定期会议、联席会议等；②是否建立了有效的信息共享平台或系统，确保各部门间信息流通顺畅，减少"信息孤岛"现象；③是否定期收集反馈，对协调中存在的问题进行总结分析，并采取改进措施。

指标来源：根据部门（单位）实际情况自行设定。

7. 人员管理

（1）人事管理制度健全性。

指标定义：考察部门是否建立相关人事管理考核办法及制度的执行以及应用情况。

指标性质：健全。

指标解释：①部门是否建立了一套全面的人事管理制度，涵盖招聘录用、培训发展、绩效考核等关键环节；②人事管理制度是否遵循国家法律法规及地方政策要求，确保制度内容合法有效；③人事管理制度是否有定期的评估与修订流程，根据内外环境变化、人员反馈及管理实践效果进行适时调整优化。

指标来源：根据部门（单位）实际情况自行设定。

（2）在职人员控制率。

指标定义：考察部门本年实际在职人员数与编制数的比率，用以反映和考核部门（单位）对人员成本的控制程度。

指标性质：小于等于。

计算公式：在职人员控制率=（在职人员数/编制数）×100%。

指标来源：《财政部关于印发〈预算绩效评价共性指标体系框架〉的通知》（财预〔2013〕53号）。

8. 预算绩效管理

（1）组织管理情况。

指标定义：考察部门是否建立完善的考核指标体系。

指标性质：规范。

指标解释：根据制度建设、职能配置、分行业的指标体系等综合评分。

指标来源：根据部门（单位）实际情况自行设定。

（2）自评价情况。

指标定义：考察绩效评价工作开展情况。

指标性质：完善。

指标解释：①是否开展年初绩效目标申报、事前评估、运行监控、事后评价等工作；②自评价的重点项目覆盖率和资金覆盖率是否符合标准；③根据自评价工作开展情况、报告质量、资料收集情况等综合评分。

指标来源：根据部门（单位）实际情况自行设定。

（3）绩效信息公开。

指标定义：绩效信息是否按照规定的内容和时限，在部门（单位）门户网站和省政务信息公开平台上进行"双平台"公开。

指标性质：公开且及时。

指标解释：①是否在"双平台"公开绩效信息；②是否按规定内容公开绩效信息；③是否按规定时限公开绩效信息。

指标来源：根据部门（单位）实际情况自行设定。

（三）产出及效益

1. 重点工作完成率

重点工作完成率的三级指标——重点工作实际完成率。

指标定义：部门年度重点工作实际完成数与交办或下达数的比率，反映部门对重点工作的办理落实程度。

指标性质：大于等于。

计算公式：重点工作实际完成率=（重点工作实际完成数/交办或下达数）×100%。

指标来源：《财政部关于印发〈预算绩效评价共性指标体系框架〉的通知》（财预

〔2013〕53号）。

2. 履职效益

（1）行政效能。

指标定义：促进部门改进文风会风，加强经费及资产管理，推动网上办事，提高行政效率，降低行政成本。

指标性质：有效。

指标解释：①部门（单位）的绩效综合考核结果；②是否建立健全行政问责制度；③是否定期组织培训，提高人员业务工作能力。

指标来源：根据部门（单位）实际情况自行设定。

（2）社会公众或服务对象满意度。

指标定义：社会公众或服务对象是指部门（单位）履行职责而影响到的部门、群体或个人，一般采取社会调查的方式。

指标性质：大于等于。

指标值：不低于90%

指标解释：根据调查问卷统计结果和数据分析，社会公众或服务对象满意度达目标值。

指标来源：《财政部关于印发〈预算绩效评价共性指标体系框架〉的通知》（财预〔2013〕53号）。

三、工信部门

根据某市工信部门开展的部门整体绩效评价，指标构成包括管理指标、产出指标、效果指标、满意度指标4个一级指标。预算编审管理、预算执行管理、部门结转结余资金管理、预决算信息公开管理、部门预算管理、政府采购管理、资产管理、数量指标、质量指标、时效指标、社会效益、经济效益、满意度指标13个二级指标，48个三级指标。

（一）管理指标

1. 预算编审管理

（1）预算编制完整性。

指标定义：部门预算编制是否完整、齐全，数据是否有误，用以反映和考核部门预算编制完整性情况。

指标性质：完整性。

指标解释：①部门预算收入中，除公共预算拨款外，政府性基金拨款、事业收入、事业单位经营收入、其他收入、上年结转等收入数据是否完整；②收入来源编报是否齐全或编报数据是否有误。

指标来源：根据部门（单位）实际情况自行设定。

（2）预算编制准确性。

指标定义：部门预算编列预算科目是否准确，细化，用以反映和考核部门预算编制准确性情况。

指标性质：准确性。

指标解释：①部门预算编列预算科目是否准确；②专项业务费细化、分类填报是否准确；③编列科目、专项业务费细化和分类填报是否出错。

指标来源：根据部门（单位）实际情况自行设定。

（3）绩效目标管理。

指标定义：以预算绩效目标编制的规范性、合理性，以及覆盖率评价绩效目标管理情况。用以反映和考核部门绩效目标管理情况。

指标性质：准确性。

指标解释：①部门预算中专项业务经费项目绩效目标编制是否完整合理；②部门整体绩效目标编制是否完整合理；③专项资金绩效目标编制完整合理、明确量化；④覆盖率是否达到年度要求。

指标来源：《财政部关于印发〈预算绩效评价共性指标体系框架〉的通知》（财预〔2013〕53号）。

2. 预算执行管理

（1）预算执行率。

指标定义：部门本年度预算完成数与预算数的比率，用以反映和考核部门预算完成程度。

指标性质：大于等于。

计算公式：预算执行率 =（预算完成数/预算数）×100%。

指标来源：根据部门（单位）实际情况自行设定。

（2）支付进度率。

指标定义：部门本年度支付进度用以反映和考核部门预算完成程度。

指标性质：大于等于。

计算公式：支付进度率 =（实际支付进度，既定支付进度）×100%。

指标来源：《财政部关于印发〈预算绩效评价共性指标体系框架〉的通知》（财预

〔2013〕53号）。

（3）公用经费控制率。

指标定义：部门本年度实际支出的公用经费总额与预算安排的公用经费总额的比率，用以反映和考核部门对机构运转成本的实际控制程度。

指标性质：小于等于。

计算公式：公用经费控制率=（实际支出公用经费总额/预算安排公用经费总额）×100%。

指标来源：《财政部关于印发〈预算绩效评价共性指标体系框架〉的通知》（财预〔2013〕53号）。

（4）"三公经费"控制率。

指标定义：部门本年度"三公经费"实际支出数与预算安排数的比率，用以反映和考核部门对"三公经费"的实际控制程度。

指标性质：小于等于。

计算公式："三公经费"控制率=（"三公经费"实际支出数/"三公经费"预算安排数）×100%。

指标来源：《财政部关于印发〈预算绩效评价共性指标体系框架〉的通知》（财预〔2013〕53号）。

3. 部门结转结余资金管理

部门结转结余资金管理的三级指标——结转结余率。

指标定义：部门本年度结转结余总额与支出预算数的比率，用以反映和考核部门对本年度结转结余资金的实际控制程度。

指标性质：小于等于。

计算公式：结转结余率=结转结余总额/支出预算数×100%。

指标来源：《财政部关于印发〈预算绩效评价共性指标体系框架〉的通知》（财预〔2013〕53号）。

4. 预决算信息公开管理

（1）预决算信息公开性。

指标定义：部门是否按照政府信息公开有关规定公开相关预决算信息，基础信息是否完善。用以反映和考核部门预决算管理的公开透明情况。

指标性质：公开。

指标解释：①是否按规定内容公开预决算信息；②是否按规定时限公开预决算信息；③预决算信息是指与部门预算、执行、决算、监督、绩效等管理相关的信息。

指标来源：《财政部关于印发〈预算绩效评价共性指标体系框架〉的通知》（财预〔2013〕53号）。

（2）基础信息完善性。

指标定义：部门基础信息是否完善，用以反映和考核基础信息对预算管理工作的支撑情况。

指标性质：完善性。

指标解释：①基础数据信息和财务信息资料是否真实；②基础数据信息和财务信息资料是否完整；③基础数据信息和财务信息资料是否准确。

指标来源：《财政部关于印发〈预算绩效评价共性指标体系框架〉的通知》（财预〔2013〕53号）。

5. 部门预算管理

（1）在职人员控制率。

指标定义：部门本年度实际在职人员数与编制数的比率，用以反映和考核部门对人员成本的控制程度。

指标性质：小于等于。

计算公式：在职人员控制率＝（在职人员数/编制数）×100%。

指标来源：《财政部关于印发〈预算绩效评价共性指标体系框架〉的通知》（财预〔2013〕53号）。

（2）管理制度健全性。

指标定义：部门为加强预算管理、规范财务行为而制定的管理制度是否健全完整，用以反映和考核部门预算管理制度对完成主要职责或促进事业发展的保障情况。

指标性质：健全。

指标解释：①是否已制定或具有预算资金管理办法、内部财务管理制度、会计核算制度等管理制度；②相关管理制度是否合法、合规、完整；③相关管理制度是否得到有效执行。

指标来源：《财政部关于印发〈预算绩效评价共性指标体系框架〉的通知》（财预〔2013〕53号）。

（3）支出规范性及时、审计、绩效评价结果。

指标定义：部门使用预算资金是否符合相关的预算财务管理制度的规定，用以反映和考核部门预算资金的规范运行情况。

指标性质：规范。

指标解释：①部门预算管理及财务会计核算是否合法、合规；②巡视、审计、财政监督检查中是否发现问题;③财政重点评价项目绩效实现情况。

指标来源:根据部门(单位)实际情况自行设定。

6. 政府采购管理

政府采购管理的三级指标——政府采购执行率。

指标定义:部门本年度实际政府采购金额与年初政府采购预算的比率,用以反映和考核部门政府采购预算执行情况。

指标性质:大于等于。

计算公式:政府采购执行率=(实际政府采购金额/政府采购预算数)×100%。

指标来源:《财政部关于印发〈预算绩效评价共性指标体系框架〉的通知》(财预〔2013〕53号)。

7. 资产管理

(1)资产管理制度健全性。

指标定义:部门为加强资产管理、规范资产管理行为而制定的管理制度是否健全完整,用以反映和考核部门资产管理制度对完成主要职责或促进社会发展的保障情况。

指标性质:健全。

指标解释:①是否已制定或具有资产管理制度;②相关资金管理制度是否合法、合规、完整;③相关资产管理制度是否得到有效执行。

指标来源:《财政部关于印发〈预算绩效评价共性指标体系框架〉的通知》(财预〔2013〕53号)。

(2)资产管理安全性。

指标定义:部门的资产是否保存完整、使用合规、配置合理、处置规范、收入及时足额上缴,用以反映和考核部门资产安全运行情况。

指标性质:安全、规范。

指标解释:①资产保存是否完整;②资产配置是否合理;③资产处置是否规范;④资产账务管理是否合规,是否账实相符;⑤资产是否有偿使用及处置收入及时足额上缴。

指标来源:《财政部关于印发〈预算绩效评价共性指标体系框架〉的通知》(财预〔2013〕53号)。

(3)固定资产利用率。

指标定义:部门实际在用固定资产总额与所有固定资产总额的比率,用以反映和考核部门固定资产使用效率程度。

指标性质:大于等于。

计算公式:固定资产利用率=(实际在用固定资产总额/所有固定资产总额)×100%。

指标来源：《财政部关于印发〈预算绩效评价共性指标体系框架〉的通知》（财预〔2013〕53号）。

（二）产出指标

1. 数量指标

（1）科技创新工作完成情况。

指标定义：考察科技创新各项工作是否完成。

指标性质：完成性。

计算公式：科技创新工作完成情况＝实际完成工作量/计划完成工作量×100%。

指标来源：根据部门（单位）实际情况及项目行业特点自行设定。

（2）中小企业培育完成情况。

指标定义：考察中小企业培育各项工作是否完成。

指标性质：完成性。

计算公式：中小企业培育完成情况＝实际完成工作量/计划完成工作量×100%。

指标来源：根据部门（单位）实际情况及项目行业特点自行设定。

（3）节能减排工作完成情况。

指标定义：考察节能减排各项工作是否完成。

指标性质：完成性。

指标来源：根据部门（单位）实际情况及项目行业特点自行设定。

（4）亩产效益综合评价工作完成情况。

指标定义：考察亩产效益综合评价工作是否完成。

指标性质：完成性。

计算公式：亩产效益综合评价工作完成情况＝实际完成亩产效益综合评价工作量/应完成工作量×100%。

指标来源：根据部门（单位）实际情况及项目行业特点自行设定。

（5）推进工业投资工作完成情况。

指标定义：考察推进工业投资各项工作是否完成。

指标性质：完成性。

指标来源：根据部门（单位）实际情况及项目行业特点自行设定。

（6）创业奖励完成情况。

指标定义：考察创业奖励资金发放是否完成。

指标性质：完成性。

计算公式：创业奖励完成情况＝实际发放奖励资金/应发放奖励资金×100％。

指标来源：根据部门（单位）实际情况及项目行业特点自行设定。

（7）工业奖励完成情况。

指标定义：考察工业奖励资金发放是否完成。

指标性质：完成性。

计算公式：工业奖励完成情况＝实际发放奖励资金/应发放奖励资金×100％。

指标来源：根据部门（单位）实际情况及项目行业特点自行设定。

（8）中小企业发展奖励完成情况。

指标定义：考察中小企业发展奖励资金发放是否完成。

指标性质：完成性。

计算公式：中小企业发展奖励完成情况＝实际发放奖励资金/应发放奖励资金×100％。

指标来源：根据部门（单位）实际情况及项目行业特点自行设定。

（9）科技发展奖励完成情况。

指标定义：考察科技发展奖励资金发放是否完成。

指标性质：完成。

计算公式：科技发展奖励完成情况＝实际发放奖励资金/应发放奖励资金×100％。

指标来源：根据部门（单位）实际情况及项目行业特点自行设定。

2. 质量指标

（1）科技创新工作开展质量情况。

指标定义：考察科技创新工作完成质量情况。

指标性质：完成性。

指标来源：根据部门（单位）实际情况及项目行业特点自行设定。

（2）中小企业培育工作开展质量情况。

指标定义：考察中小企业培育工作完成质量情况。

指标性质：完成性。

指标来源：根据部门（单位）实际情况及项目行业特点自行设定。

（3）节能减排工作开展质量情况。

指标定义：考察节能减排工作完成质量情况。

指标性质：完成性。

指标来源：根据部门（单位）实际情况及项目行业特点自行设定。

（4）政策奖励发放准确性。

指标定义：考察各类政策奖励是否发放准确。

指标性质：准确性。

指标来源：根据部门（单位）实际情况及项目行业特点自行设定。

3. 时效指标

（1）科技创新工作完成及时性。

指标定义：考察科技创新工作是否及时完成。

指标性质：及时性。

指标来源：根据部门（单位）实际情况及项目行业特点自行设定。

（2）中小企业培育完成及时性。

指标定义：考察中小企业培育工作是否及时完成。

指标性质：及时性。

指标来源：根据部门（单位）实际情况及项目行业特点自行设定。

（3）节能减排工作完成及时性。

指标定义：考察节能减排工作是否及时完成。

指标性质：及时性。

指标来源：根据部门（单位）实际情况及项目行业特点自行设定。

（4）亩产效益综合评价工作完成及时性。

指标定义：考察亩产效益综合评价工作是否及时完成。

指标性质：及时性。

指标来源：根据部门（单位）实际情况及项目行业特点自行设定。

（5）政策奖励完成及时性。

指标定义：考察各类政策奖励是否及时发放。

指标性质：及时性。

指标来源：根据部门（单位）实际情况及项目行业特点自行设定。

（三）效果指标

1. 社会效益

（1）工业用电量增长率。

指标定义：考察工业用电量是否较上年有所增长。

指标性质：大于等于。

计算公式：工业用电量增长率＝（当年工业用电量－上年工业用电量）/上年工业用电量×100%。

指标来源：根据部门（单位）实际情况及项目行业特点自行设定。

(2) 规模以上工业企业总能耗增速。

指标定义：考察规模以上工业企业总能耗是否较上年有所增长。

指标性质：大于等于。

计算公式：规模以上工业企业总能耗增速＝(当年规模以上工业企业总能耗－上年规模以上工业企业总能耗)/上年规模以上工业企业总能耗×100%。

指标来源：根据部门（单位）实际情况及项目行业特点自行设定。

(3) 单位工业增加值能耗下降率。

指标定义：考察单位工业增加值能耗是否较上年有所下降，是否完成既定目标。

指标性质：大于等于。

指标解释：单位工业增加值能耗下降率＝(本年度单位工业增加值能耗－上年度单位工业增加值能耗)/上年度单位工业增加值能耗×100%。

指标来源：根据部门（单位）实际情况及项目行业特点自行设定。

(4) 入围工信部专精特新"小巨人"企业数。

指标性质：考察是否有企业入围工信部专精特新"小巨人"企业。

指标性质：大于等于。

指标解释：有企业入围工信部专精特新"小巨人"企业。

指标来源：根据部门（单位）实际情况及项目行业特点自行设定。

(5) 规模以上工业企业数量增长情况。

指标定义：考察规模以上工业企业数量是否较上年有所增长。

指标性质：大于等于。

计算公式：规模以上工业企业数量增长＝本年度规模以上工业企业数量－上年度规模以上工业企业数量。

指标来源：根据部门（单位）实际情况及项目行业特点自行设定。

2. 经济效益

(1) 工业增加值增长率。

指标定义：考察工业增加值是否较上年有所增长。

指标性质：大于等于。

计算公式：工业增加值增长率＝(当年工业增加值－上年工业增加值)/上年工业增加值×100%。

指标来源：根据部门（单位）实际情况及项目行业特点自行设定。

(2) 工业企业营业收入增长率。

指标定义：考察工业企业营业收入是否较上年有所增长。

指标性质：大于等于。

计算公式：工业企业营业收入增长率=（当年工业企业营业收入－上年工业企业营业收入）/上年工业企业营业收入×100%。

指标来源：根据部门（单位）实际情况及项目行业特点自行设定。

(3) 工业企业利润增长率。

指标定义：考察工业企业利润是否较上年有所增长。

指标性质：大于等于。

计算公式：工业企业利润增长率=（当年工业企业利润－上年工业企业利润）/上年工业企业利润×100%。

指标来源：根据部门（单位）实际情况及项目行业特点自行设定。

(4) 规上企业工业增值税增长率。

指标定义：考察规上企业工业增值税是否较上年有所增长。

指标性质：大于等于。

计算公式：规上企业工业增值税增长率=（当年规上企业工业增值税－上年规上企业工业增值税）/上年规上企业工业增值税×100%。

指标来源：根据部门（单位）实际情况及项目行业特点自行设定。

(5) 工业投资增长率。

指标定义：考察工业投资增值税是否较上年有所增长。

指标性质：大于等于。

计算公式：工业投资增长率=（当年工业投资－上年工业投资）/上年工业投资×100%。

指标来源：根据部门（单位）实际情况及项目行业特点自行设定。

（四）满意度指标

满意度指标的三级指标——企业满意度。

指标定义：考察辖区企业对工信局各项工作开展成效的满意度。

指标性质：大于等于。

指标解释：根据调查问卷统计结果和数据分析，企业对工信局各项工作开展成效的满意度达目标值。

指标来源：根据部门（单位）实际情况及项目行业特点自行设定。